Oideas Gael

25

Bliain faoi Bhláth

1984 - 2009

Foilsithe ag: Oideas Gael, Gleann Cholm Cille, Co. Dhún na nGall, Éire

Eagarthóir: An tOllamh Seosamh Watson

Clódóir: Walsh Colour Print, Oileán Ciarraí, Contae Ciarraí, Éire

Dearadh: Seán Ó hAnnracháin

© Grianghraif: Oideas Gael & na hÚdair faoi seach

Cló-éadan: Novarese Book, Rotis Semi Sans Light, Zapfino

ISBN 978-0-9563195-0-0

Clár

TEACHTAIREACHT ÓN UACHTARÁN MÁIRE MHIC GHIOLLA ÍOSA

Réamhrá do Leabhar Comórtha 25 Bliain Oideas Gael

Tá mé thar a bheith sásta an deis seo a bheith agam chun comhghairdeas a dhéanamh le hOideas Gael ar ócáid cheiliúrtha seo bhunú an choláiste cúig bliana is fiche ó shin. Tháinig mé ar mo chéad chúrsa anseo i samhradh na bliana 1998 agus níor chaill mé scoil samhraidh ó shin. Is breá liom Gleann Cholm Cille agus pobal lách an Ghleanna, agus tá áit ar leith i mo chroí don choláiste seo agus dá mhuintir.

Áilleacht na háite agus fáilte chroíúil, chomh maith le feabhas agus sainiúlacht na gcúrsaí, a mheallann daoine ar ais anseo gach bliain as éagsúlacht mhór cúlraí agus as gach aon chearn den domhan. I nGleann thig liom cairdeas a bhunú agus a bhuanú le dílseoirí agus le náisiúnaithe ó Lios Tuathail go Lios na gCearrbhach, le múinteoirí ón Ghearmáin, dlíodóirí ó Mheiriceá, scoláirí ón tSeapáin, ceoltóirí ón Rúis agus mic léinn de gach aois agus aicme ó mhórán tíortha na hEorpa. Grá don Ghaeilge agus do chultúr na hÉireann, agus dúil sa spraoi agus sa chraic, a dhlúthaíonn muid ar fad.

Tá saibhreas teanga agus cultúir, mar aon le pléisiúr agus sult, mar shainghnéithe de chúrsaí Oideas Gael. Bím ag dréim leis an chraic sna ranganna teanga, damhsa agus ceoil, agus le suaimhneas na siúlóidí sléibhe, ó cheann ceann na bliana. Anseo téann éigse agus léann lámh ar láimh le pléisiúr agus aoibhneas.

Comhghairdeas ó chroí leis an Ollamh Seosamh Watson agus
Liam Ó Cuinneagáin a bhunaigh Oideas Gael cúig bliana is fiche ó shin, agus
le gach duine a raibh baint acu le forbairt an choláiste ó shin. Tá sé de nós
againn ag deireadh sa scoile samhraidh gach bliain an t-amhrán álainn sin
Mo Ghile Mear a chanadh mar ghrúpa le chéile. Is é Oideas Gael mo Ghile
Mear, agus guím raidhse agus rath oraibh le hathinsint ar véarsa den amhrán:

> *Go seinntear stair ar chláirsí ceoil;*
> *Go líontar táinte cárt ar bord;*
> *Le hintinn ard gan cháim, gan cheo*
> *Chun saol is sláinte d'fháil dom leon.*

Go maire sibh an céad.

Máire Mhic Ghiolla Iosa

Máire Mhic Ghiolla Iosa
UACHTARÁN NA hÉIREANN

CUID I

Ag Comóradh na hÓcáide

Blianta den Rath

Seosamh Watson

Is beag a thuigeann an té a chuireann chun bóthair cá háit nó cá fhad a leanfaidh an tslí atá roimhe – b'fhíor agus ba rófhíor an méid sin i dtaca le stair agus imeachtaí Oideas Gael de. Is é atá sa leabhar seo an méid is féidir a eachtrú laistigh dá leithéid de spás ó chuir beirt dhíograiseoirí (duine acu ní b'óige ná a chéile) ag imeacht é i ndá sheomra ranga de chuid bhunscoil an Chaisil i samhradh na bliana 1984. Níl dabht ar domhan ach gur oir Gleann Cholm Cille do thionscnamh dá mhacasamhail agus ba bheag an t-amhras gur theastaigh tionscnamh i réimse na Gaeilge go géar ó cheantar a raibh cáil an chultúir ghaelaigh air le fada, ach a bhí anois faoi léigear ag fórsaí na turasóireachta coitianta. Cuireadh amach mar ghairm shlua é, mar sin, go bhféadfaí 'idir thairbhe agus thaitneamh' a bhaint as cúrsa Gaeltachta den chineál a bhí á bheartú agus ba mhór an sásamh croí gur guth é sin a fuair a fhreagra. Tháinig dornán beag ag triall ar ár gcúrsaí sna blianta tosaigh – ar minic iad na daoine céanna, agus ar seanchairde linn faoin am seo iad –

agus ansin, de réir a chéile, thosaigh na céadta agus, go deireanach na sluaite ag tarraingt orainn.

Is mithid, agus an pointe stairiúil seo sroichte againn, go ngabhaimid ár mbuíochas le gach duine agus gach dream a chuidigh linn leis na blianta anall agus a thug misneach agus an dea-shampla dúinn agus is chuige sin fosta an t-imleabhar comórtha seo. Sa chéad dul síos, gan an tacaíocht agus an cuidiú praiticiúil a fuair muid ó mhuintir Ghleann Cholm Cille agus Ghleann Fhinne – agus, go deimhin an cion iontach a bhí againn ar a chéile – ní fhéadfaí fiú an chéad choiscéim a thabhairt ar an tslí aimhréidh a bhí romhainn. Gan an fhoireann riaracháin agus teagaisc den scoth a chabhraigh le hOideas Gael a chur chun bealaigh agus a choinneáil ag imeacht thar thréimhse chomh fada sin ní thiocfaí tionscnamh mar é a shamhlú. Ach rud a bhí lán chomh tábhachtach le páirt ar bith eile den scéal, na Gaeilgeoirí agus na foghlaimeoirí a tháinig, mar a thagann i gcónaí, ó gach cearn den tír seo lena nGaeltacht, bhríomhar, shultmhar idirchultúrtha féin a chruthú as an nua samhradh i ndiaidh samhraidh: tuigeann siad seo a bhfuil ar bun sa dá Ghleann agus tacaíonn go fonnmhar, sultmhar leis an iarracht i rith an ama ar fad.

Is mór againn fosta an chabhair institiúideach a tháinig chugainn ó fhoinsí náisiúnta agus idirnáisiúnta, rud a chuidigh le hOideas Gael an bonn gairmiúil atá sroichte aige anois a bhaint amach i dtaca le láthair a imeachtaí agus líon sásúil a fhoirne a choinneáil ar bun. Fá chroí mhór mhaith a admhaíonn an bheirt bhunaitheoirí méid a gcomaoine ar na daoine is na heagrais sin uilig, ach ní lú a mbuíochas, ar ndóigh, le baill a dteaghlaigh féin, le tuismitheoirí dile Liam, Willie Ó Cuinneagáin is Bidí J. (ár gcrann taca nach maireann, grásta uirthi!) agus le hAnn Collette, bean chéile phléisiúrtha, fhorbháilteach Liam. I dtaca liom féin de, in éamais na cabhrach a fuair mé san iliomad dóigh, ó mo bhean chéile mhuirneachsa, Vivien, níor fhéad mé cuimhneamh fiú ar thabhairt faoin tionscnamh seo: glacaim buíochas ó chroí léi sin agus leis an chuid eile

Freastalaithe ón tSeapáin, Liam Ó Cuinneagáin, Rhonwen, Seosamh agus Somhairle Watson

den chlann a chuidigh liom i rith an bhealaigh, go háirithe Somhairle, an chead 'ghiolla' a bhí againn, a chomharba sa phost céanna, Darach, agus m'iníon Rhonwen a chaith tamall ina múinteoir againn.

In ainneoin gach cabhair is tacaíocht eile dá bhfuarthas fós tá fhios ag an saol mór – mar a leirítear go maith sa leabhar seo – nach mbeadh in Oideas Gael ach iarracht fhannlag ach murab é an rath atá curtha air ag an dream a bhíonn ag saothrú di ó cheann ceann na bliana: Siobhan Ní Churraighín agus Gearoidín Nic Congháil a chuireann maise agus cuma na maitheasa ar an eagras agus a d'ardaigh é go dtí an staid ghairmiúil

atá sroichte anois aige; agus cá mbeifear mura mbeadh ar iarraidh ach duine amháin, fear atá molta dá mbeinnse i mo thost, mar atá, Liam Ó Cuinneagáin. Is de thairbhe a shárdhíchill, a ardchumais agus a réamhphleanála cúramaí thar na blianta, gan trácht ar íobairtí pearsanta ná an dianobair neamhsparálach atá déanta aige ar son a áite agus a theanga dúchais féin a thagann an t atmaisféar agus an timpeallacht ar leith chun cinn a aithnítear ar imeachtaí Oideas Gael. Thar ceann na heagraíochta seo agus a chairde féin i ngach aon áit cuirim ár

gcomaoin in iúl mar aon lenár mbeannacht ó chroí: saol fada faoi rath is faoi shéan go raibh aige féin is ag Ann!

Siobhán Ní Churraighin le Seosamh Watson

Lárionad na Néaróg Liam Ó Cuinneagáin le Gearóidín Ní Ghonghail agus Siobhán Ní Churraighin

Coiste an Oireachtais (1989) Ar chúl, ó chlé Pádraig Mac Giolla Easbuig, Brian Ó Baoighil, Seán Séamus Mac Lochlainn, Liam Ó Cuinneagáin, Pádraig Ó Beirn, Eoghan Ó Curraighín, Proinsias Mac Cuinneagáin (Cathaoirleach), Noel Mac Giolla Chearra. Chun tosaigh, ó chlé Frances Ní Chuinneagáin, Aisling Nic Aodha, Méabh Ní Ghairbhí, Deirbhile Ní Churraighín, Eibhlín Nic Fhionnghaile, Cáitlín Mhic Fhionnghaile, Anna Ní Chuinneagáin.

Tánaiste agus Oifig an Aire Fiontar, Trádála agus Fostaíochta
Tánaiste and Office of the Minister for Enterprise, Trade and Employment
Oifig Dáilcheantar • Constituency Office

An Roinn Gnóthaí Pobail, Tuaithe agus Gaeltachta
Department of Community, Rural and Gaeltacht Affairs

Oifig an Aire
Office of the Minister

Dún Aimhirgin, 43/49 Bóthar Mespil,
Baile Átha Cliath 4, Éire.
43/49 Mespil Road, Dublin 4, Ireland.

Teileafón +353 1 647 3054
Facsuimhir +353 1 647 3101
R-phost aire@pobail.ie
Glaoch Áitiúil 1890 474 847

24 Aibreán 2009

Foireann Oideas Gael
Gleann Cholm Chille
Co Dhún na nGall

A Chairde

Ba mhór an t-ábhar sásaimh dom gur i mo dhúiche féin a bunaíodh Oideas Gael, sa dóigh go raibh ar mo chumas an eagraíocht bhisiúil seo a fheiceáil ag fás, bliain i ndiaidh na bliana ó 1984 anall nuair a bhí sí suite i ndá sheomra i mbunscoil an Chaisil, ag freastal ar scaifte bheag cuairteoirí, go dtí an pointe ardbhuacach seo atá bainte amach aige anois.

Is minic sa lá inniu a luaitear ainm Oideas Gael i gcomhthéacsaí náisiúnta – de bhrí go bhfuil iomrá air mar eagraíocht ardéifeachtach in imeachtaí theanga agus chultúr na Gaeilge in Éirinn, agus go hidirnáisiúnta – mar tá sé i gcroílár gréasáin thábhachtaigh, dhomhanda a mheallann na sluaite go hÉirinn achan bhliain ar lórg ár n-oidhreachta luachmhaire, gaelaí agus a choinníonn na mílte eile i dteagmháil ó lá go lá leis an tír agus leis an teanga.

Lena chois sin, ní mór a aithint, thar aon rud eile, gurb í dúshraith a nirt í gur institiúid Ghaeltachta é Oideas Gael, agus gur institiúid áitiúil é go bunúsach a dhéanann feidhm de chumais agus d'acmhainní pobail áitiúil Gaeltachta, a chothaíonn iad agus a cheanglaíonn iad le muintir na Gaeilge in áiteanna eile in Éirinn agus thar lear. Agus an comóradh seo inár láthair, ní miste na leas cultúrtha agus eacnamúil atá déanta aige dár nGaeltachtaí beaga, imeallacha sna 25 bliain atá imithe a thabhairt chun cuimhne chomh maith.

Bhí mé thar a bheith sásta a bheith tacúil le saothar Oideas Gael thar na blianta seo agus tá mé bródúil go bhfuil institiúid dá leithéid ag feidhmiú i mo cheantar féin: is maith atá buíochas na heagraíochta tuillte ag an phobal áitiúil ar son an chuidithe agus a ndílseachta don áit. Déanaim comhghairdeas leis na bunaitheoirí, an tOllamh Seosamh Watson agus Liam Ó Cuinneagáin agus lena bhfoireann dhícheallach, agus guím rath mór agus blianta fada eile faoi bhláth ar Oideas Gael san am atá le teacht.

Is mise le meas

Máire Ní Chochláin TD
Tánaiste agus Aire Fiontair Trádála agus Fostaíochta

Dáilcheantar • Constituency
Teach Oirithir, Seanbhóthar an Lathaigh, Baile Dhún na nGall
East End House, Old Laghey Road, Donegal Town
T: + 074 97 24242
F: + 074 97 22447

Sráid Chill Dara, Baile Átha Cliath 2, Éire
Kildare Street, Dublin 2, Ireland
T: + 353 1 631 2217
F: + 353 1 631 2814
www.entemp.ie • info@entemp.ie

Ócáid 25ú bliain Oideas Gael

I 1943 bhí Conradh na Gaeilge ag ceiliúradh 50 bliain ar an bhfód. Cothrom an ama sin i 1943 chraol mo sheanathair, an tUachtarán Éamonn de Valera óráid ar Raidió Éireann go bhfuil clú agus cáil air mar óráid ó shin. Go deimhin bhí an t-iriseoir John Waters ag scríobh faoin óráid chéanna san *Irish Times* le gairid agus rinne sé ceangal díreach idir comhthéacs ama na linne sin i 1943 - le cogadh domhanda ar siúl agus an géarchéim a bhain leis an gcogadh sin - agus comhthéacs ama na linne seo le géarchéim eacnamaíoch náisiúnta sa tsiúil. Rinneadh an craoladh ar lá Fhéile Pádraig i 1943, i lár cogaidh, agus ceann de na príomhthéamaí a bhí mar bhunchloch ag an bpíosa cainte ná ról na Gaeilge le síce agus spiorad náisiúnta a chothú in ainneoin an anoird eacnamaíoch a bhí timpeall orainn. Tá an scéal amhlaidh inniu tá an t-anord eacnamaíoch linn arís agus mar a mhol John Waters tá sé in am arís againn mar thír féachaint ar ár bpríomh-luachanna.

Dírím anois ar údar na míre seo agus an cuireadh a fuair mé ó *Oideas Gael* giota beag a scríobh don leabhar reatha seo. Tá turas agus feacht teangeolaíoch ar ardáin idirnáisiúnta déanta ag *Oideas Gael* le cúig bliana fichead anuas. Déanann *Oideas Gael* ar bhonn leanúnach rialta, rud atá an-ghar do mo chroí féin, teilgean ar an teanga Gaeilge mar uirlis oideachasúil agus eacnamaíoch. Measann *Oideas Gael* féin gur fiú €1.5m go bliantúil a gcuid iarrachtaí don bpobal agus don cheantar máguaird. Tá an cur chuige acu eolaíoch agus tagann sé i dtír ar theicneolaíocht na faisnéise. Tá an méar acu ar chuisle teangeolaíoch *diaspora* na tíre agus daoine nach iad ar fud an domhain. I mo leabhar-sa sin fad radharc. Aithníonn agus d'aithin *Oideas Gael* san am atá caite go gcuireann an duine daonna luacháil ar chultúr agus ar a oidhreacht agus cuidíonn tionóil agus cúrsaí agus modheolaíocht na heagraíochta i gcoitinne le duine a theacht i dtír ar an luacháil sin. Go deimhin tá *Oideas Gael* agus dúiche álainn Gleann Cholmcille "ciontach" as neart cleamhnais, póstaí agus páistí a ghiniúint!

Do Liam Ó Cuinneagáin, bunaitheoir agus stiúrthóir Oideas Gael, mo mhíle comhghairdeas. Tá obair éachtach déanta aige.

Éamon Ó Cuív TD.
Aire Gnóthaí Pobail,
Tuaithe agus Gaeltachta.
Márta 2009

Donegal County Development Board
Bord Forbartha Chontae Dhún na nGall

COMHAIRLE CHONTAE
Dhún na nGall
DONEGAL COUNTY COUNCIL

Ray Mac Mánais, Mary June Hanrahan (An Ghaeltacht, Milwaukee), an tAire Máire Ní Chochláin agus Seán Ó Gliasáin ag Irishfest Milwaukee 2001

Is acmhainn thábhachtach do Chontae Dhún na nGall é an cultúr, agus níl aon ghné den chultúr atá níos tábhachtaí don chontae seo ná an Ghaeilge. Tuigtear go bhfuil gá leis an chultúr a dhaingniú agus a threisiú ar mhaithe leis an phobal agus go gcaithfear í a úsáid mar acmhainn inmharthana a bhfuil buntáistí sóisialta agus eacnamúla ag baint léithi.

Níl sampla is fearr ann de thionscnamh a dhéanann é seo ná Oideas Gael. Is tionscnamh é seo atá fréamhaithe go daingean sa phobal agus atá ag daingniú an chultúir dhúchasaigh ag an am chéanna agus atá leas á bhaint as ar mhaithe leis an phobal.

Tréaslaíonn Comhairle Chontae Dhún na nGall agus Bord Forbartha Chontae Dhún na nGall leis an tionscnamh as an dul chun cinn atá déanta acu le cúig bliana is fiche anuas. Is ceann de na tionscnaimh oideachais agus turasóireachta cultúrtha is fearr dá bhfuil ar fáil sa tír é agus tá muid ag súil go mór le leanacht ar aghaidh lenár gcomhoibriú agus lenár bpáirtnéireacht le hOideas Gael sna blianta amach romhainn.

Mícheál Ó hÉanaigh
Stiúrthóir Seirbhísí
Comhairle Chontae Dhún na nGall

Oideas Gael ag cur le lucht éisteachta

SÉAMUS MAC GÉIDIGH

'Ta ceann fada air' a deirtí go minic fán bhaile i nGort an Choirce, agus na seandaoine ag cur síos ar dhuine cliste fadradharcach. Bhal, is cinnte go raibh 'cinn fhada' ar an Dr Seosamh Watson agus Liam Ó Cuinneagain thar scór bliain ó shin agus iad ag cur Oideas Gael ar an tsaol. Is iomaí coiste agus eagraíocht a tháinig ar an saol le scór bliain ach is beag acu a mhair, a d'fhás agus a d'fhorbair ná a chuaigh i bhfeidhm chomh mór sin ar an phobal agus a chuaigh Oideas Gael.

Tá sé doiligh a chreidbheáil go dtiocfadh daoine as ceithre choirnéal an domhain go hiardheisceart Dhún na nGall lenár dteanga a fhoghlaim, ár gcultúr a bhlaiseadh agus ár gcosáin tuaithe a shiúl ach sin an rud atá bainte amach ag Oideas Gael.

Thar rud ar bith eile léiríonn Oideas Gael dúinn na hacmhainní is luachmhaire atá againn sa tír, an teanga, an cultúr agus ár dtimpeallacht agus thaispeáin Oideas Gael dúinn an dóigh le tairbhe a bhaint as na hacmhainní sa dóigh cheart. Chomh maith le sin léiríonn sé dúinne mar phobal go bhfuil seoid luachmhar againn agus gur fiú í a chaomhnú ní amháin do chuairteoirí ach dár bhféiniúlacht agus dár n-aitheantas féin.

Tá moladh mór ag dul do Stiurthoirí agus d'fhoireann Oideas Gael as an obair chrua a chuireann siad isteach i bhforbairt an ghnó seo ach tá ardmholadh ag dul do Liam Ó Cuinneagáin as an mhargaíocht a dhéanann sé ar Oideas Gael ar fud an domhain, rud a théann chun tairbhe don Chontae ar fad agus an tír ina hiomláine.

Dúinne in RTÉ Raidio na Gaeltachta tá muid faoi chomaoin mhór ag Oideas Gael as cur le líon ár n-éisteoirí ar fud an domhain agus fosta mar gheall ar chainteoirí úra a aimsiú in áiteacha nár shíl muid riamh go mbeadh duine ar fáil le labhairt i nGaeilge ar RTÉ RnaG.

Is eiseamláir Oideas Gael d'fhiontraíocht na nGael. Déanann achan nduine in RTÉ Raidió na Gaeltachta comhghairdeachas libh agus go mairí Oideas Gael!

Ceiliúradh 25 Bliain Oideas Gael

PÓL Ó GALLCHÓIR, CEANNASAÍ TG4

Deir an seanfhocal linn nár chaill fear an mhisnigh riamh é agus is maith, sílim, a oireann sin don éacht atá bainte amach ag bunaitheoirí Oideas Gael. Is iomaí athrú atá tagtha ar an domhan, ar an tír agus ar an Ghaeltacht le cúig bliana fichead anuas agus is cinnte go bhfuil an Ghaeilge faoi bhrú ollmhór ar na saolta seo. Tá an domhan ag cúngú agus cuireann an teicneolaíocht nua chumarsáide ar ár gcumas bheith i dteagmháil le duine nó daoine ar thaobh eile na cruinne ar bheagán costais. Meabhraíonn téarmaí ar nós *r-phost*, *Idirlíon*, *Skype agus Gréasán Sóisialta* dúinn go bhfuil athrú ó bhun tagtha ar an saol ó 1984.

Is forbairtí iontacha iad seo, gan amhras agus is iontaí fós an luas lenar tharla siad. Is doiligh a shamhlú go bhféadfadh éinne a thuar go dtiocfaidís ar an bhfód chomh tapaidh is a tháinig agus go mbeadh na deiseanna seo neadaithe chomh daingean i saol agus i gcultúr na muintire mar atá in imeacht cúpla bliain.

Ba mhinic san am atá caite gur mar uirlis ag na mórtheangacha láidre a baineadh leas as na meáin chumarsáide. Féachadh ar irisí, ar an raidió agus an teilifís mar bhagairt do mhionteangacha, mar mhaide a bhascfadh iad. Ach nuair a bhíonn dóchas agus misneach ag duine, tig féachaint ar an saol ar dhóigh eile ar fad.

Sin mar a bhí ag na daoine fadradharcacha a bheartaigh Oideas Gael a bhunú agus é a lonnú i nGleann Cholmcille. Misneach agus fís a spreag iad mar nach raibh cúrsaí eacnamaíochta na tíre i riocht mhaith ag an am. Níor mhaolaigh sin a ndóchas mar gur thuig siad go raibh obair mhór rompu ach go raibh deis acu freisin rud a bhaint amach don teanga – agus don cheantar álainn Gaeltachta seo. Chonaic siad go raibh bearna sa mhargadh agus go bhféadfaí seirbhís úr ar fad a sholáthar do dhaoine fásta a bhí ag iarraidh Gaeilge a fhoghlaim nó feabhas a chur ar a gcuid Gaeilge - ach chomh maith leis sin, thuig siad go bhféadfaí leas eacnamaíoch an Ghleanna a dhéanamh le togra ceannródúil den chineál seo.

Bhí siad ag tógáil ar dhúshraith mhaith mar go raibh cáil na Gaeilge agus na cruthaitheachta ar an cheantar

seo roimhe – agus bhí an obair iontach a rinne an tAthair Séamus Mac Duibhir chun spiorad na fiontraíochta agus na féinmhuiníne a chothú i measc an phobail mar inspioráid breise acu. Bhí a fhios acu gur faoin phobal féin a bheadh sé a chinniúint féin a phleanáil agus a bhaint amach.

Chreid siad ann, thug siad faoi, sheas siad leis agus d'fhoghlaim siad óna dtaithí. Sin bun agus barr an scéil seo, measaim: fís, mórtas cine, cur chuige, solúbthacht, dílseacht agus tuiscint ar shaol an ghnó.

Is maith mar a roghnaigh siad teideal don tionscnamh freisin mar go gcuimsíonn an dá fhocal sin "Oideas Gael" an fhís agus an gnó. D'éirigh leo spriocanna oideachais a bhaint amach, stádas na teanga ina gceantar a dhaingniú agus fostaíocht a bhunú agus a bhuanú in áit nach bhfuil chomh cóngarach sin do na bailte móra agus do na cathracha.

Tréaslaím féin agus TG4 leis na ceannródaithe agus leis na na bunaitheoirí agus leo siúd a threoraigh agus a rinne bainistíocht ar an togra iontach seo ar feadh na 25 bliain sin agus a mheall daoine ó gach cearn den tír agus den domhan go dtí an dúthaigh aoibhinn seo.

Comhghairdeas ó chroí agus gach rath do na 25 Bliain seo romhainn!

Oideas Gael – Turasóireacht Chultúrtha Par Excellence!

 *Údarás na Gaeltachta*

I measc na gcuspóirí a chuir bunaitheoirí Oideas Gael rompu bhí "forbairt a dhéanamh ar aon ghné den turasóireacht chultúrtha a chomhlíonas aidhmeanna na heagraíochta agus a rachaidh chun tairbhe an phobail" agus "an Ghaeilge a chur in uachtar arís san áit is dual di mar phríomhtheanga i ngach gné de shaol na hÉireann". D'aithin siad nideog thábhachtach ghnó san earnáil chultúrtha agus teanga!

Bíonn turasóirí ag lorg eispéireas uathúil agus ag cur suime faoi leith i ngníomhaíochtaí cultúrtha agus oidhreachta. Ach tá idirdhealú tábhachtach le déanamh idir na turasóirí sin atá ar nós beacha ag eitilt ó bhláth go bláth ag lorg meala agus iad sin a thumann iad féin i mbláthcheapach ar leith ar feadh seachtaine nó coicíse! Sé an dúshlán a bhaineann le sainturasóireacht chultúrtha d'fhiontraithe ná na bláthcheapaigh a aithint agus a bhunú.

Bhí "dhá scoil" smaointeoireachta ann i gcónaí chomh fada agus a bhain leis an nGaeilge a bheith mar bhunús tionscail nó brabúis – iad siúd a bhí in aghaidh aon úsáid a bhaint as an nGaeilge mar 'tháirge gnó' nó mar bhonn brabúis agus iad siúd a chreid go raibh an teanga ar cheann de na hacmhainní ba luachmhaire a bhí ag pobal na Gaeltachta agus go mba cheart fiontraíocht na Gaeilge, a spreagadh agus a mhaoiniú chun gach sochar ab fhéidir a bhaint aisti.

Tá tréaniarrachtaí déanta ag Údarás na Gaeltachta ó bunaíodh é leis an turasóireacht chultúrtha a chur chun cinn sa Ghaeltacht. Tá sin déanta den chuid is mó trí thacú le togaí turasóireachta a raibh de chuspóir acu 'breisluach' a chur lena dtáirge trí ghnéithe oidhreachta, ceoil, amhránaíochta, damhsa, teanga, scéalaíochta, nó a leithéid a chur lena gcuid gníomhaíochtaí. Ach ní féidir a mhaíomh gur togaí turasóireachta cultúrtha ó bhonn iad cés moite de chorrcheann acu. Tá craiceann na turasóireachta cultúrtha ar chuid mhór acu ach fós féin is maith ann iad.

Comhlíonann Oideas Gael na riachtanais ar leith atá de dhíth ar fhiontar rathúil turasóireachta cultúrtha – táirge tarraingteach cultúrtha a chuireann eispéireas uathúil ar fáil, margadh a bhfuil fás leanúnach air agus atá mór go leor leis an ngnó a dhéanamh inmharthanach, táirge atá iomaíoch agus mar chuid de phacáiste comhtháite (lóistín, áiseanna, imeachtaí, seirbhísí agus siamsaíocht).

Ar ndóigh teastaíonn daoine a bhfuil an spreagadh, an tiomantas agus an fhéinmhuinín acu chomh maith leis na scileanna gnó agus eagrúcháin leis an tionscnamh a sheoladh ar mhargaí iomaíocha an domhain!

Tá na tréithe sin ar fad ag Oideas Gael. Ciallaíonn Oideas Gael anois féasta chultúrtha a bhfuil an Ghaeilge ina lár; cuisle Ghleann Cholm Cille; droichead idir Gaeil na Gaeltachta agus Gaeil an diaspora; féasta ilmhiasa ár gcultúir idir Ghaeilge, cheol, damhsa, amhránaíocht agus an ghníomhaíocht rúndiamhrach domhínithe sin ar a nglaotar 'craic'.

Sa mhéid nach daoine de bhunadh na hÉireann amháin a fhreastalaíonn ar chúrsaí Oideas Gael ach go bhfuil daoine d'éagsúlacht leathan cúlraí ciníocha meallta ag an "mecca cultúrtha" seo tá sé cruthaithe ag

Oideas Gael gur acmhainn rí-luachmhar atá san oidhreacht bheo Ghaeltachta ach í a phacáistiú agus a mhargú go gairmiúil.

Tá údar bróid agus mórtais ag bunaitheoirí Oideas Gael, Liam Ó Cuinneagáin agus an Dr. Seosamh Watson. Tá ábhar bróid chomh maith ag pobal Ghleann Cholm Cille a bhíonn mar óstaigh ag na mílte foghlaimeoirí a fhreastalaíonn ar na cúrsaí gach bliain. Féachann Údarás na Gaeltachta ar Oideas Gael mar thogra eiseamláireach turasóireachta cultúrtha a bhfuil an "x-factóir" mar bhonn dá rathúlacht.

Pádraig Ó hAolain
Príomhfheidhmeannach

Guíonn Pat the Cope Ó Gallachóir TD

Gach rath ar chomóradh 25 bliain d'imeachtaí O*ideas Gael*

Go maire sibh beo,
beithíoch 25 bliain eile!

Calea 13 Septembrie nr. 13
050711 Bucureşti
Tel: + 40-21-3182443
Fax: + 40-21-3182443

ACADEMIA ROMÂNĂ
Institutul de Lingvistică
"Iorgu Iordan-Al. Rosetti"
Bucureşti

To *Oideas Gael*

Dear Colleagues,

It is a great pleasure to address the most sincere congratulations on the occasion of the 25th anniversary of the founding of *Oideas Gael* Irish language and cultural organisation.

Many years ago, I took part in Glencolmcille, Co. Donegal, at the Meeting of the *Atlas Linguarum Europae* (ALE) and at the *Colloquium for Modern Spoken Celtic Languages* organized by Mr. Seosamh Watson, Director of the organisation and one of its founders.

I know that *Oideas Gael* has contributed decisively to promote the literature and culture of the Irish Language.

Your organization has also contributed to the strengthening of the relations between the Gaeltacht people and the rest of Ireland through the language.

Thus, you have helped to preserve the cultural and linguistic diversity in contemporary Europe.

I would like to wish you that the mission of your organization should be a successful one in the future.

Nicolae Saramandu

President, *Atlas Linguarum Europae (ALE)*

Beannachtaí ó Alba Nua

Office of Gaelic Affairs
Oifis Iomairtean na Gàidhlig

Tha e 'toirt fìor thoileachas dhomh ás leth Oifis Iomairtean na Gàidhlig ann an Albainn Nuaidh, Canada, meal an naidheachd a chur air Oideas Gael a tha 'dol a mholadh 25 bliadhna as t-samhradh seo. Tha iomadach ceangail ann eadar an Ghaeilge agus Gàidhlig na h-Albann Nuaidh agus tha na ceanglaichean seo air fàs nas làidir 'sna beagan bhliadhnaichean a tha air a bhith dol seachad. Coltach ri Éirinn tha luchd-bruidhinn na Gàidhlig againn fhathast a chuala a' chànain o'n a' ghlùin agus tha móran againn a tha air a bhith ag ionnsachadh na cànain troimh chlasaichean taobh a-staigh oilthighean, sgoiltean agus choimhearsnachdan.

Mar choimhearsnachd chànain bhig bhìodaich, tha sinn a' faicinn ann an Oideas Gael eisimpleir dhuinn air an taobh seo dhen chuan air dé ghabhadh dèanadh nam biodh toil ann agus feadhainn a tha deiseil gus an gualainn a chur ris a' chuibhle. Aig Oideas Gael ionnsaichidh oileanaich ciamar a tha an Ghaeilge agus a cuid dhualchais ceangailte r' a chéile. Tha sgioba ann a tha dreuchdail, cuideachdail agus spòrsail. Ciamar a 's urrainn do dhuine sam bith tuilleadh 'iarraidh. Mar a thuirt Liam O'Cuinneagáin ruinn 'san t-seisean a rinn mi-fhìn aig Oideas Gael, chan eil sion eile agaibh ri dhèanamh ach a bhith a' bruidhinn na Gaeilge a tha agaibh.

Tha na daoin' a tha 'g obair air sgàth na Gàidhlig ann an Albainn Nuaidh gu math eòlach air na h-oidhirpean a tha ionadan coltach ri Oideas Gael air a bhith a' dèanadh airson na Gaeilge. Bithibh cinnteach gu bheil an obair anns a bheil sibh a' sàs a' toirt misneach dhuinn agus a' sealltainn dhuinn cuideachd air dé tha 'g obair a thaobh modhannan-cànain agus ionnsaighean gus cànain a thoirt do fheadhainn eile. Agus cho

cudthromach 's a tha dualchas mar òrain, dhannsa, sgeulachdan, eachdraidh is ghnìomhan taobh a-muigh a' chlas coltach ri bhith a' dìreadh nan cnoc no a bhith a' peinteadh dhealbhan no a bhith a' dol gu Taigh Biddy's gus deagh chràic a dhèanadh agus pinnt no còrr is pinnt a ghabhail!

Meallaibh ur naidheachd a-rithist anns gach dòigh is gu' soirbhich leibh leis na h-ath 25 bliadhna aig Oideas Gael, Gleann Colm Cill, Dùn nan Gall.

Na beannachdan

Is mór mo phléisiúr thar ceann Oifig Fhiontair na Gàidhlig in Albain Nua, Ceanada, comóradh na gcúig bliana fichead a thréaslú le hOideas Gael istamhradh. Is iomaí sin ceangal idir an Ghaeilge agus Gàidhlig na hAlban Nua agus tá na ceangail sin tar éis fás níos láidre le beagán blianta anall. Ar nós na hÉireann tá cainteoirí Gàidhlig againn i gcónaí a chuala an teanga ón chliabhán agus roinnt mhaith daoine againn a bhíodh á foghlaim I ranganna laistigh d'ollscoileanna agus de scoileanna agus sa phobal áitiúil fosta. Is léir dúinne, mar phobal mionteanga bige, Oideas Gael ar an taobh seo den Aigéan Atlantach mar shampla den mhéid a thiocfaí a chur i gcrích, ach an toil a bheith ann chuige agus dream daoine atá sásta an t-ualach a tharraingt chucu féin. Ag Oideas Gael foghlaimeoidh an mac léinn faoi

cheangail idir an Ghaeilge agus an dúchas.
Tá foireann ann atá gairml, cabhrach agus
spraíúil – cad eile a d'fhéadfadh duine a
iarraidh. Mar adúirt Liam Ó Cuinneagáin
linn i rith an tseisiúin a rinne mé féin ag
Oideas Gael, níl dada eile le déanamh agaibh
ach an méid Gaeilge atá agaibh a labhairt.
Tá taithí mhaith ag na daoine a bhíos ag
obair ar son na Gàidhlig in Albain Nua ar
na hiarrachtaí atá ar bun ag eagrais mar
Oideas Gael ar son na Gaeilge. Féadtar a
bheith cinnte go bhfuil an obair atá ar siúl
agaibh ag tabhairt misnigh dúinne agus ag
léiriú dúinn fosta cad iad na modhanna oibre
agus na beartais a bhfuil ag éirí leo i dtaca le
teagasc na teanga de; agus, lena chois sin, cé
chomh tábhachtach agus atá gnéithe den
dúchas mar amhránaíocht, damhsaí,
scéalaíocht, stair agus gníomhaíocht
sheachtrach mar shiúl sléibhe, péintéireacht –
nó ag dul tigh Bhídí le craic mhaith a bheith
agat agus pionta (nó breis is pionta) a ól!
Comhghairdeas mór libh arís, agus go n-éirí
na chéad 25 bliana le hOideas Gael, Gleann
Cholm Cille, Co. Dhun na nGall!

beannachtaí,

Lodaidh MacFhionghain
Ceannard
Oifis Iomairtean na Gàidhlig

Seumas Watson
Fear-stiùiridh an Taisbeanaidh

4119 Rathad 223
Rubha Eachainn
Alba Nuadh, B2C 1A3
GUTHAN 902 725-2272
FACS 902 725-2227
highlandvillage@gov.ns.ca
http //highlandvillage.museum.gov.ns.ca

4119 Highway 223
Iona, Nova Scotia
B2C 1A3
TEL 902 725-2272
FAX 902 725 2227
highlandvillage@gov.ns.ca
http //highlandvillage.museum.gov.ns.ca

A (Bhana) Chàirdean Chòire,

'S ann le tlachd 's toil-inntinn a tha an Clachan Gàidhealach, Ì Cheap
Breatainn, a' cur meal an naidheachd air Oideas Gael air aobhar dha còig air
fhichead bliadhn' a dh'aois a ruigsinn. R'a linn, tha Oideas Gael an deaghaidh a
thighinn gu inbhe mar fhear dha na h-ionadan culturach a's cliùitiche a gabhas
faighinn an saoghal nan Gàidheal thall na bhos.

``A lion beagan `s beagan mar a dh'ith an cat an sgadan" tha Oideas Gael air
a bhi a' meudachadh agus a' cur a thabhartais an treise bho chaidh a stéidheachadh
an1984. An là an-diugh, tha còrr `s mìle duine a' toirt amach chùrsaichean `na
bhroinn an Gleann Cholm Cille gu bliadhnal. Ann a bhi cumail taice gu dìon ris a'
Ghaeilge mar phrìomh-ghleus a ghairm, tha Oideas Gael air modal cultarach a
chruthachadh - agus a shònrachadh - an dàrna cuid tro phrógraman oideachail agus
bhrosnachadh eagonamaidh na coimhearsachd mu thimcheall. Gu dearbh,
aithnichidh duine a bhios air chuairt ann `s a' mhionad dà bhuaidh an ionaid ag
obrachadh an glaic a chéile anns a' cheàrnaidh seo dhe `n Ghaeltacht a tha air leth
comharraichte `na bòidhchead agus `na dualchas. Abair culaidh-fharmaid!

Feumar a ràdha, getà, chan eil stéidheachd sam bidh na `s fheàrr na na daoine
a tha làmh an sàs innte. Fhads a chuireas sinn ar meal an naidheachd air Oideas Gael,
chan eil còir againn gun a bhi toirt air ainmeachas Seòsamh Watson agus Liam Ó
Cuinneagáin. Gura h-iad sin an dithist aisleangach gaisgeile, còire aig a robh an rùn
agus a' mhisneachd iomairt Oideas Gael a thoirt os làimh bho `n dearbh thùs. Cha
bheag na thug iad gu buil. Molann an obair an fear.

Gu pearsanta, `s ann agam fhìn a tha `n deagh chuimhne air sgrìob a thoirt do
Oideas Gael aig àm co-labhairt a bhi ann amach air cuspair Leabhar-chlàr Cànainean
na Roinn Eòrpa. Fhuair mi ann romham aoigheachd choibhneil, fhialaidh
Ghàidhealach le blàths `na cois aig a h-uile car. Gur maireann a nì mi meamhar air na
dh'fhiosraich mi aig Oideas Gael anns an àm sin am measg Gàidheil na h-Éireann,
an Gleann Cholm Cille, Dùn na nGall. Mar a chualas an Eilean Cheap Breatainn,
"Guma fada bhios ceò as ur taigh. Ma théid mise seachad, tadhailidh mi astaigh."

Seumas Watson
Fear-stiùiridh an Taisbeanaidh
An Clachan Gàidhealach
Ì Cheap Breatainn
Alba Nuadh

Irish Lan[guage]

Iris[h]
Exp[...]

May 19[...]

Dear E[...]

I was p[...]
provide[...]

Gaeltacht a mheallann allúraigh

Gleann Cholm Cille.

Tá tomhais agam. Cad é a bhíonn duine amháin ag caitheamh uaidh agus duine eile ag iarraidh greim a fháil air? An freagra a bhíonn agamsa go minic ar sin ná an Ghaeilge.

Sin é an smaoineamh a thagann chugam i gceol muair a thagann grúpa daoine fásta achan bhliain go Gleann Cholm Cille le Gaeilge a fhoghlaim ... an Samhradh seo ...

Bhí caitlín ar na gCéirsa Sharonah Fredrich ab mar theanga dhúchais aic chor a bith cén fáth gur léamh ag muintir an tí orthu amhare ar thellifis air.

Níl aon dabht ná go bhí imeacht uainn go mall [...]

Coming to Grips With Gaelic

A quixotic pursuit in a remote corner of Donegal

DAONBHAILE GHLEANN CHOLM CILLE
FOLK VILLAGE, GLENCOLUMBKILLE

NEWSROUND

Belfas[t] secure of Gae[lic] ventu[re]

The innovative pioneer of [...]

Glencolumbkille

It's true, of course, that both Latvian, which I speak fluently, and Irish, of which I now have a rudimentary knowledge, are tiny minority languages.

These days linguistic nationalism is a fierce issue in Riga, Latvia's capital, where the people worry that their language is being [...] ered quixotic.

Oideas Gael draws record attendance

This year's programme of events organised around the Irish language 19 July - [...] by Oideas Gael in Glencolmcille drew the number of participants to the little village in Donegal. Over 100 were filled on this summer courses with le and members of lang org from [...]

The 1986 programme follo same varied pattern laid previous years with this g towards [...]

Donegal success

THIS year's programme of events organised around the Irish language by Oideas Gael in Glencolmcille drew the largest number of participants so far to the little village in South West [...]

Other singers, dancers and musicians from Gaelic area took part in an evening of entertainment with the participation of their prize-winning Club na nÓg who performed an excellent scorsíocht and dramatic presentation under the able direction of Michéal Ó Dochartaigh of Coimín.

ACCENT

PHOTOS: TREVOR McBRIDE

Reminiscing on the summers [...] to Glencolmcille to learn Irish.

Young, free agus

Even set dancing can vertically express a [...] desire. D[...]

Maureen's focal

I WAS glad I had worn my jeans, as I walked into the classroom of the national school at Glencolmcille.

Although this was my second time in the Donegal Gaeltacht, I was nervous enough as to how my 'capla focal' would stand up, without standing out as well.

I needn't have worried, the others were all past-clad beginners like myself.

Only three of us had come from Dublin. The rest of the class were from France, England, Australia, Japan and, closer to home, the Six Counties.

The Oideas Gael language course is intensive, with classes morning, afternoon and evening. During [...]

MAUREEN CAIRNDUFF spent a week in the Donegal Gaeltacht. She found it tough going but a very satisfying experience ...

Learning by love and rote

running first to sounds and then learning from repetition, a type of participating language course. Some[...] we sounded like a group of Buddhist monks chanting our mantras.

When our school day ended, most of us crossed the road to the very scruffy "Biddy's" pub for a music session with guitar, flute, fiddle, bodhran drums and tin whistles. On our final night, there was a terrific party in one of the self-catering houses.

Prizes were given to those who made most progress in each of the three classes. I didn't qualify, yet I felt well satisfied with the amount I had learned.

All our group were capable of conducting a simple conversation, particularly if it concerned the time, or the days of the week.

PROTASTUNAIGH AN TUAISCIRT AGUS A nDUCHAS GAELACH

Tuairimí Phreispitéirigh Óig

AG LÓN an Chloreail Fhógraíochta agus Caidrimh Phoibli Dé Máirt na seachtaine seo chaite labhair Joe Watson, a tógadh mar Aontóir agus [...]

tuaiscirt naimhdeach don Ghaeilge — a mhalairt ar fad! — agus du´ne ar bith acu a thuig stair an Chúige, bhí barúil aige gur ghoid na Pobla[...]

Phoblacht féin ní thig le duine oideachas a thabhairt trí Ghaeilge dá chlann mura bhfuil sé toilteanach iad a chur ar bhunscoil nó ar mheánscoil Chaitliceach.

(b) Cultúr[...]

Forget the stereotypes

At least they can't say 'No one shouted stop'. In the magic valley of Glencolumbcille in [...] second community project is under [...] one of its many aims the staunching o[...] wound which has bled this isolated so[...] much.

In the 60s, Fr James McDyer led a [...] project which set up a co-operative w[...] number of businesses. Many believe th[...] periment failed, the dream died. Bu[...] eagáin, who grew up in Fr [...] umbcille and knew the priest we[...] co-operative may be no longer, [...] ill attracts thousands of visitors, [...] ill generates income and the ver[...] w a fish-processing plant. Part of [...] has been passed to the next gen[...] r O Cuinneagáin—by day a prim [...] n Dublin's inner city, by night [...] days an embryonic Fr McDyer M[...] ails in the officially Gaeltacht [...] e. Mr O Cuinneagáin hopes that [...] spanking new Foras Cultúir Ula[...] Centre) on the edge of the villa[...] dreds of outsiders and foreigne[...] guage, will have the spin-off of r[...] umbcille people realise they have [...] in their unused store of Irish.

s Gael, the Irish-language teaching [...] Cultúir Uladh, kicked off 10 years [...]

per cent of those people come from outside the [...]

eagáin is fighting 'tooth and nail' for [...]

CAMPBELL'S SCOOP
by Patrick Campbell

Donegal Irish Studies School Draws Worldwide Attention

People are coming in increasing numbers every summer from all over the world to Ireland to study literature, folklore and the Irish language.

"We have had people from Japan, China, Russia and a dozen other countries who have studied Irish here during the summer," said Liam O Cuinneagáin, the director of the Irish language and culture programs at Gleann Cholm Cille, Co. Donegal.

"I do not know what motivates them to come here, and the motivation is not really important. I respond to their interest in Irish culture and I take a great delight in the fact that they have come to Donegal."

Under the auspices of Oideas Gael, O Cuinneagáin schedules a wide variety of cultural programs from April through September and, while tuition in the Irish language is a principle focus, a wide variety of other [...]

cultural courses are also held.

One of the most popular of the cultural activities is set dancing, which is taught and practiced in a one-week course.

"Adults really like this activity," he said, "because it is fun and they are able to mix and mingle with a lot of people."

Another popular activity is archeology, which is also taught in a one-week course in August.

"Donegal is full of standing stones, ancient graves and an array of other monuments from prehistoric times, and students are brought on a tour of a variety of sites and taught the significance of each," O Cuinneagáin said.

"The course provides the student with an education on the subject and also allows the student to go out in the wide open spaces and enjoy the beauty of the Irish countryside."

two other activities that allow students to enjoy the outdoors and each of these courses are also very popular.

O Cuinneagáin said that his organization also organizes many social events, so that people from a whole variety of backgrounds can meet and get to know one another.

There are a whole variety of accommodation available in Gleann Cholm Cille, including bed and breakfast and evening dinner that costs $150 per week per person, in double rooms.

Students can also share a modern house with other students and prepare their own meals at a cost of approximately $60 per week —again sharing rooms. All courses cost extra.

For more information, write Liam O Cuinneagáin, Oideas Gael, Gleann Cholm Cille, Co. Donegal, Ireland. Tel. 011-353-73-30248.

'FORTNIGHT.'
July 1993

Donegal version of Baywatch. When she heard I was heading North, she laughed: "Be careful with those Donegal men. Look what happened to me!"

In the pub I meet one of the wild mountainy men who flagged down the bus. He smiles winningly and looks suddenly attractive. "You're not Irish, are you?" he asks me. "You must be Italian." In fact this man looks very like [...]

and freckles [...] staring eyes [...] colour as mi[...] meeting Don[...] look like me [...] heritage to [...] mountain-dw[...] Tonight we [...] which is as g[...] as you can h[...] clothes on. D[...] out and aro[...] Walls Of Lim[...] hang into so[...] Joe' Iúnal[...]

Donegal [...]d and Line, from Newcastle Co. Down and Denmark respectively, first met in G[...]

Irl[...] to atte[...] the archaeology stud[...] Brenda Wonderful [...]

ge School Superb Cultural

McCay's article in the March edition of The Celtic Connection which
roduction to Oideas Gael - the wonderful Irish language/culture

---

The Toronto Star
1 Iúil, 1989

THE TORONTO STAR
Saturday, July 1, 1989

TRAVEL
SECOND OF TWO SECTIONS

SECTION **H**
Pages H9-H16

Captivating Irish village a rarified retreat

By Donna Maloney
Toronto Star

GLENCOLMCILLE, Ireland — like to fancy that on my death-my last vision in this life will be the scene from my window on upper floor at Glencolmcille, of still, brooding, dove-gray mist of the Atlantic at twi... , the unim big Beefan, its glittering red surface of rock, bracken heather, how one uniform purlow."

was in 1945 that English composer Sir Arnold Bax described remote village in southwest negal this way in his book *Fare My Town*. He felt Glencolm was "a little bit of heaven." forty-odd years later, Glencolm has reverted from a refuge painters, writers and composto a haven for tourists and devoted followers of the Irish lan...

golfing, soaking up the rays on clean, white sandy beaches or exploring sheltered coves.

The village's history spans 5,000 years and takes its name from St. Columba, a Donegal nobleman who went on to convert Scotland to Christianity. He founded monasteries and churches throughout the patron saint of Donegal.

le, or the favorite his disci...

Today every Ju when the ras Chol faithful gious o prayers marking chapel, and holy

A pro the vall James McDyer, who inspired a cultural revival throughout the re...

the village's Folk Museum complex, built in 1967, where there are replicas of thatched cottages and other buildings from the past three centuries.

Revered by the local people, an entire room of the complex is set aside to commemorate Father McDyer, who turned the village into what is it today, a thriving but still beautiful enclave in the wilds of Donegal.

rist who can spend s austere corner of mer courses are learning to play the ... ing and archeology ... musical courses, in ... harp and dancing ... turday.

... also courses in the ... , which is widely ... lcmcille. The gov ... country's official ... ng regions, or ... ntains the largest ... native Irish-speaking population in Ireland. Not only are the

The Irish Post
30 Lúnasa, 1986

Splendid summer school

I highly commend an Irish language summer school which I recently attended in Gleann Cholm Cille in the Donegal Gaeltacht. These courses are expertly organised by Seosamh Watson of University College, Dublin, and Liam Ó Cuinneagáin, a local teacher.

On my course there were more than 50 people from various parts of Ireland. Scotland, the United States. England. Canada and Australia, as well as one Israeli. In addition to the intensive Irish language tuition, there was lots of entertainment and travelling through the splendid scenery of Donegal to visit various historical sights.

Different shades of religion and political opinion were welcome and all thoughts enjoyed themselves. Furthermore, the local people were very supportive and everyone was made to feel at home amidst the beautiful surroundings.

Those of your readers who might consider taking such a course next year should note the address. Write to Liam Ó Cuinneagáin. Gleann Cholm Cille, Co. Donegal.

GEORGE O'BRIEN
36 St. Augustine's Ave.
London W5

ANDERSONSTOWN NEWS, Saturday, 31st August, 1991 - Page 19.

nk
urvival
cht

By Robin vingstone

Oideas Gael programme to cover Autumn and Winter events, Liam Ó Cuinneagáin has had to consider seriously packing in his teaching job in Dublin to work full-time in the Glen. "As it is we have had to employ two people full-time to keep the operation ticking over - and that's beside almost 12 tea...

THE SUNDAY TRIBUNE **B3**

outh, adults come
d romance
ngil

Just call me Sinead Fo...

Day Five

Liam Ó Cuinneagáin, runs Oideas Gael, tell... story of his mentor F... McDyer, the crusading who brought a kind of ... prosperity to the ... disadvant ... tourism w ... idea. McD ... in 1973 w ...

political g ... never mi ... inject mu ... into Glen ... have willi ... Liam prov ...

In the e ... lengthy se ... pub. Caro ... on the tra ... while Jam ... fiddle like ... plays his t ... beautiful ... old Irish b ... at each ot ... serious eff ... entire con ...

At 2am ... probably c ... landlord. I ... home. On ... the stairw ... way to the ... cead agan ... leithreas? ... time in 20 ... phrase. He ... recognisin ... let me pas ...

Outside ... night, the ... addresses ...

Day Six

The bus w ... next morn ... front, ther ... mountaine ... harmony. ... acing can be ... the express ... ental desire ... They look blissfully ...

I spent an hour of ... astic jumping about. I ... ting violently and ... discovered that the Irish ... robics is 'set dancing' ... I surprise ... my Walkm ...

Spotlight
11 Márta, 1999

Interesting people with unusual lives   ENCOUNTER   *and plenty to say to SPOTLIGHT*

"There's a huge interest in Irish"

Pytanie brzmi paradoksalnie: kto w Irlandii uczyłby się języka irlandzkiego czyli Irish Gaelic? Okazuje się, że istnieje ogromne zainteresowanie nauką zapomnianego języka i potrzeba jego kultywowania.

Cultural Irelar

Interest in Irish language defies tourism trends

This has been a poor summer for tourism, particularly in the west, according to all accounts and only rain sightings have been reported of that most prized species, the American visitor. It can be authoritatively stated, however that in the northwest not only have previous figures in one market sector been equalled, but surpassed, with numbers of visitors from America higher than ever.

The Oideas Gael adult courses in the Irish language, the language and culture summer school and the cultural activity programme have been packing them in as never ... out.

And the reason? Well, foreign visitors certainly don't come here for the Irish weather so this year leaves the country's natural resources, the moral good humour of the inhabitants and, above all else, the culture.

Oideas Gael run their courses through Irish in the gaeltacht areas of Glencolmcille and Glenfinn in centres noted not only for their

natural beauty, but also for the wealth of their folk and linguistic inheritance.

"With the champaining of these intertwining values," the text says, is a growing awareness around the world. The Irish language and its culture are among the very few vibrant, living traits which are distinguishing features of our nation.

"People will come here for the genuine article in preference to the 'Mother Machine culture' once they have learned of the existence of the real thing. To get this they need to know Irish and the figures show that more and more of them believe that Oideas Gael can help them learn the language", he said.

The summer schedule of cultural activity courses, running since mid-June continues up to the end of August, with over 700 people from over 200 different countries participating in the extensive range of courses.

THE NATIONALIST   The Nationalist

COMMENT

Brushing up on the *cúpla focail*

I WENT to a Donegal Gaeltacht a couple of weeks ago to check up on how much of the language I still commanded. The weekend was spent in Glencolumbkille.

It was sad to find how much I had lost, and pleasing to find how many words and phrases came back as we sat in classes from ten until five.

What was even better was the nature of the holiday. When you have somewhere definite to go, with a definite aim in mind, and your time is organised for you, in an amiable pattern, and you feel you have learnt something at the end of it, a short break is a splendid tonic for the soul.

FRANKLY SPEAKING
with
NELL McCAFFERTY

— and an American turned out to be a jazz fiend who took over the keyboard and had us all rocking round the Aga in a pub kitchen.

Not many people know the words in Irish of "Chattanooga Choo-Choo," that marvellous '20s song about trains, which begins *Gabh me leiseacal ...* "

"Rocking round the Aga in a pub kitchen"

I played hookey one afternoon (you can do that when you're an adult) and did the five-mile Columb pilgrimage around the mountains and the glen, a

The college was interesting if only for the

broken ribs from the recent earthquake in Kobe. ... Dutch airport controller

céilí dancing was terrific. There was none of the pain of standing against a wall,

---

The Irish Post
12 Meitheamh, 1990

ST. COLUMBA'S ANGLICAN church in Glencolmcille with a cross-inscribed pillar

move up to the second level, which includes studies in Irish song, folklore and dance. Students in past courses have come from countries as far away as Japan and China as well as Canada, Australia and the United States.

Coastal walks in the area are rewarded with breathtaking views across Donegal Bay to the coasts of counties Mayo and Sligo or Aranmore Island.

Shipwrecks have frequently

houses and the family-run independent Dooey Hostel.

Greenock, Scotland, from Quebec city carrying a cargo of timber when it was driven off course by a storm and sank. Of the 21 crew members, only two survived. They made their way up the cliff face and down into the sanctuary of Glencolmcille.

Irish Post 12/5/90

ADVANCED TECHNIQUES: An Oideas Gael class in session at Glencolumbkille, Co. Donegal.

SHARING A LEARNING EXPERIENCE

THERE has been a large growth in the number of Irish language classes in Britain in recent years, with important allied developments like the Institute of Linguists' series of examinations. Here TONY BIRTILL looks at some of the problems involved in learning the language on this side of the water and how one Gaeltacht area is catering for learners that lear.

MOST PEOPLE attempting to learn Irish in their own country would agree that it is an uphill struggle, venturing out on a wet autumn evening to attend the weekly three-hour class, barely remembering a word from the previous week and wondering if you will be able to get your tongue around this week's Gaeilge. There is a large drop-out rate, and people who miss just one lesson through illness are often tempted never to return for fear of remembering nothing when they next attend.

The problem of the seven-day gap between lessons can be overcome to a certain extent by listening to a taped language course (there are several available) for just five or ten minutes a day or meeting informally with other learners to practise what has been learnt in class, but continuity remains a huge problem. At least if one is learning in Ireland there are some outside stimuli like road signs, notices and the occasional TV or radio programme to latch on to, but here you are completely submerged in English — unless you can pick up some of the aforementioned radio broadcasts.

And all this leads on to a second major problem — how do you make use of what you have learnt? We have all heard from those who argue, often in the letters' pages of this newspaper, that learning Irish in Ireland is a waste of time, even though there are over a million people there who claim to know at least some Irish. But this country offers little opportunity for learners to practise, even those who make the quantum leap from beginners' class to relative fluency.

INITIAL SCEPTICISM

All the above difficulties can be overcome to a great extent by attendance at an Irish language summer school in the Gaeltacht. A mini-industry has grown up in Glencolumbkille in Donegal providing such

The summer school has also provided valuable spin-offs for Irish language education in this country. Besides enabling hundreds of learners to make that quantum leap into relative fluency, it has also enabled learners from different parts of Britain and the USA to get to know one another and share experiences and ideas. Indeed, it comes as a pleasant surprise to many learners from this country to meet fluent speakers from America who have managed to learn the language despite never having been within three thousand miles of Ireland before.

Oideas Gael is proud of the advanced techniques used by the teachers on its courses and many of the Irish language teachers based in Britain have spent a week or two in Glencolumbkille to see how they do things there.

Partly as a result of these contacts the British Association for Irish Studies organised a weekend conference in Coventry last autumn which focused on standardising adult Irish language teaching in Britain. Not surprisingly, Liam Ó Cuinneagáin was the guest speaker and teacher, far as far apart as Newcastle and London were able to sample the new teaching methods and resources available.

"It was tremendous to see the level of interest that exists over in England. People who manage to learn the language over there despite all the difficulties involved are an example to people in Ireland," Liam told us.

The annual Irish Studies conference at Soar Valley College, Leices... which is the biggest event of its type in the country, this year had fou... workshops conducted entirely in the Irish language run led by Seosamh Watson, who flew over from Dublin to be there. Many in attendance ha... had the benefit of his advanced classes in the Glencolumbkille sum... school.

Until last year the teacher of the beginners' class at the summ... school, Eibhlín McGinley, also taught a class at the same level in Lo... London and acted as an examiner for the new examinations in Irish provided by the Institute of Linguists. She often finds some of her students from London in her summer school classes.

For those who find the prospect of an intensive course learning Iri... little daunting, it must be stressed that there is plenty of crack at nig... there is always music in the pubs in the village and the beaches, m... tains and prehistoric antiquities of the area are second...

CUID II

Tús Maith agus Leath na hOibre

An Scéal go dtí Seo

Bíodh go bhfuil Gleann Cholm Cille ar imeall an domhain thiar sa lá atá inniu ann ní gá ach súil a chaitheamh ar na tuamaí meigiliteacha agus ar leaca na luathré Críostúla le go mbeadh fhios ag duine go raibh laetha eile ann a raibh iomrá ar an ghleann agus a mhuintir go fada, leitheadach ar fud Mhór-Roinn na hEorpa agus níos faide uainn. Tharraing mé féin ar an Sean-Ghleann den chéad uair le linn sioc cruaidh gheimhreadh na bliana 1975 le mo bhean, Vivien, agus triúr páistí. Ba í cáil traidisiún Gaelach an pharóiste a mheall ann mé agus fiosracht faoi

thionscnaimh réabhlóideacha an Athar Séamas Mac Daidhir a bhí i ndiaidh a mbuaic a bhaint amach faoin am sin. Ba léir dom in áit na mbonn gur ceantar ar leith a bhí i nGleann Cholm Cille agus ba thrua, dar liom, nach raibh tionscnamh láidir Gaeilge ar bun san áit le taobh an mhéid eile a bhí ag dul ar aghaidh san am. Agus mé ag iarraidh an smaoineamh céanna a chur chun cinn ba ghairid gur chuir mé eolas ar theaghlach a raibh tábhacht

1.

lárnach acu i scéal na Gaeilge san áit, mar a bhí Willie Ó Cuinneagáin agus a bhean, Bidí J., beirt nach maireann, grásta orthu! agus a mac óg, Liam. Chuir mé féin agus Liam ár gcomhairlí i gceann a chéile agus ba é a cinneadh, le comhairle chríonna agus cuidiú rífhial na seanlánúine, nach é amháin gurbh fhiú ach gurbh fhéidir beart a chur á imirt arís ar son na Gaeilge sa Sean-Ghleann.

Ceann de na príomhaidhmeanna a bhí i gceist sa mhéid sin tacú i bhfad na haimsire le Gaeilge an cheantair a bhí faoi bhrú i nGaeltacht bheag

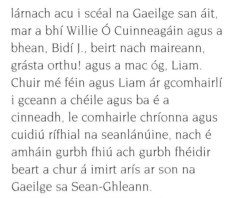

3.

2.

4.

1. *Mic Léinn is Foireann ag bunscoil an Chaisil 1987.*

2. *An cúrsa deiridh i mbunscoil an Chaisil 1990.*

3. *An cúrsa i nGleann Fhinne, 1987.*

4. *Mic léinn agus múinteoiri sna 1980i.*

scoite dá leithéid trí acmhainní nua a chur ar fáil inti i gcruth daoine tiomanta a thabhairt isteach ón phobal lasmuigh, a raibh scileanna, taithí agus an t-eolas riachtanach acu le buanna an phobail a chothú. Aithníodh fosta cé chomh tábhachtach agus a bhí sé do na daoine a thiocfadh thar pharóiste isteach le láthair Ghaeltachta dá gcuid féin a bheith acu sa dóigh go neartódh an greim agus an t-eolas a bhí acu ar an Ghaeilge de bharr a gcaidrimh le bunadh na háite. Lena chois sin, bhíothas ag súil go bhfeidhmeodh a leithéid d'ionad Gaeltachta agus na himeachtaí a d'eagrófaí ann mar lár ceangail idir daoine ó gach cearn den tír agus – ar ball, gach páirt den domhan mór – ar suim leo teanga agus cultúr na Gaeilge. Ba é an teachtaireacht a bhí ann go raibh oidhreacht thar a bheith luachmhar i gceist a raibh baint aici le gach Éireannach i dtaca le cúrsaí staire, béaloidis, logainmneacha,

litríochta, creidimh is eile de nár mhór a roinnt ar an phobal, idir Ghaeltachta agus Ghalltachta, in Éirinn agus thar lear, agus chuige sin gur theastaigh teanga na Gaeilge mar eochair agus mar mheán teagaisc. D'fhág sé sin go rabhthas ag díriú ó thosach ar mhúinteoireacht na Gaeilge agus gur ríthábhachtach linn múinteoirí den scoth a aimsiú agus modhanna múinte d'ardchaighdeán a chleachtadh. Ba í sin an fhís as ar fhás Oideas Gael agus as an dearcadh a bhí ag an bheirt bhunaitheoirí ar an Ghaeilge .i. gur dhroichead cultúrtha agus stairiúil a bhí inti a raibh de chumas aici muintearas a chruthú is a chur chun cinn i measc pobal de chúlraí éagsúla mar iad féin.

Cuireadh eagraíocht den ainm céanna ar bun agus b'fhial, fairsing an chabhair a thug bunadh Ghlinne uathu nuair a osclaíodh ár ndoirse ar an chéad chúrsa a mhair 10 lá agus ar ar fhreastail 34 duine le linn samhradh na bliana 1984. Le caoinchead an pharóiste agus an

Athar Éamonn Ó Gallchóir rinneadh feidhm de theach na bunscoile ar an Chaiseal, chuir mná tí an cheantair máguaird lóistín agus aíocht éagsamhalta ar fáil, sholáthraigh amhránaithe agus lucht seanchais seisiúin den scoth dúinn agus rinne Seán Ó hIghne, nach maireann, ár gcomóradh ar turas thart ar sheanleaca agus tuamaí an ghleanna. B'inchuimhnithe an dream daoine a tháinig sna blianta tosaigh úd: cuid de Chumann Ceilteach Nua-Eabhraic nár chreid go raibh fáilte níos fearr le fáil in áit ar bith ar domhan; Clwb Ifor ón Bhreatain Bheag ar ar áiríodh píobaire ar an sean-nós Albanach ar dhuine dúchasach de chuid Phúna na hIndia é – cé a chonaic is a chuala a dhéanfaidh dearmad air agus é i mbun a cheoil lasmuigh de Theach Bhidí ar

1. *Victor Hamilton ag tabhairt siamsaíochta do rang.*

2. *Bliain oscailte Foras Cultúir Uladh 1991.*

uair an mheán oíche. Ba ghairid gur thosaigh séasúr bliantúil na gcúrsaí ag síneadh go coicís, trí seachtaine agus níos faide agus níorbh fhada go raibh lucht leanúna dílis ann a leanadh orthu ag freastal ar na cúrsaí go ceann na mblianta fada ina dhiaidh: Seán Ó hEaráin, Proinsias Mac Ainmhire, Séamas agus Art de Creag, Seoirse ó Broin, nach maireann, agus Bob Roddy le gan ach beagán acu a áireamh.

Ba mhór linn eilimint an chultúir a bheith láidir, dlisteanach agus ar ardchaighdeán ó thosach ama agus ní raibh i bhfad gur aistrigh an chuid sin de na himeachtaí ina Scoil Shamhraidh i dTeanga agus Cultúr na Gaeilge, an tseachtain den séasúr is mó a dhíríonn ar ghnéithe éagsúla den chultúr Gaelach trí cheardlanna ceoil is amhránaíochta a chur ar fáil agus seimineáir is aíchainteoirí sa bhéaloideas, sa litríocht agus i saol na Gaeltachta san am atá thart agus lenár linn féin a chur ar bun. Bhí tacaíocht chomh maith le cuidiú praiticiúil le fáil ón

tosach ó Ghaeltacht bheag eile, mar atá Gleann Fhinne, áit eile, ar léir go dtabharfadh tionscnamh den chineál a bhí ar obair i nGleann Cholm Cille spreagadh mór dá mhuintir. Ba ghairid, mar sin, gur cuireadh tús le cúrsa bliantúil sa Gaeltacht chéanna ar imeall ceanntar iomráiteach na gCruach Gorm, beart nach bhféadfaí a chur i gcrích gan an cúnamh agus an tacaíocht dhochreidte a fuarthas ó bhunadh Ghleann Fhinne faoi stiúradh mná amháin ag a raibh cumas agus tuiscint nach bhfeictear ach go rí-annamh, Áine bn Uí Dhochartaigh, nach maireann, as an Choimín, a bhfuil a mac, Mícheál, ina chrann taca ag cúrsaí Oideas Gael sa pharóiste thíos ó shin.

Ní raibh an eagraíocht an t-an-fhad ar an bhóthar, agus líon na gcúrsaí agus lucht tinrimh ag méadú de shíor, nuair a bhí sé soiléir gur dhoiligh dóibh leanúint ar aghaidh mar a bhí i dteach scoile agus i halla an pharóiste. Le linn na mblianta go dtí sin bhí d'acmhainn ag an eagraíocht a

1. Saol na hOíche i nGleann le linn chúrsaí Oideas Gael.

2. Aisling Ní Aodha, Sineád Ní Shlachtarra le mac léinn.

3. An Dúchas Lom a thóg Gordon Woods ar champas Foras Cultúir Uladh i 1997. Tháinig an ghiúis phortaigh óna chomharsanacht féin i Min na Saileach.

4. Rang i mbun scoraíochta.

5. An tAire Stáit Dónal Ó Ciardha le Liam Ó Cuinneagáin agus Éamonn Ó Dónaill.

6. 'Seirbhís don Phobal' Carrie Crowley leis an tSairsint Paul Wallace.

gcostais bhliantúla féin a ghlanadh agus gan fostaithe lánaimseartha aici, ach ní fhéadfaí lárionad cuí a chur ar fáil gan an deontas a cheadaigh an Ciste Idirnáisiúnta d'Éirinn, an maoiniú a fuarthas ó Údarás na Gaeltachta agus an tacaíocht leanúnach a bhí Roinn na Gaeltachta sásta a sholáthar. Sa bhliain 1991 a osclaíodh Foras Cultúir Uladh, áras a dearadh agus a tógadh d'aonturas le freastal ar imeachtaí den sórt a bhí ag dul ar aghaidh cheana agus dá thuilleadh nach iad. D'fhág ionad cruinnithe dá leithéid, a bhí feistithe amach le halla, seomraí ranga, oifigí, bialann agus leabharlann go bhféadfaí cur le réimse na n-imeachtaí agus fad a chur leis an séasúr. Rinneadh amhlaidh agus, de réir a chéile, tháinig cúrsaí ilghnéitheacha ar an fhód, mar phéintéireacht mhara, siúl sléibhe, potadóireacht, damhsaí Gaelacha, cruinneas Gaeilge, oiliúint mhúinteoirí, seandálaíocht, an chláirseach agus an fheadóg. Ba le linn an ama sin chomh maith a

1. *Rabharta teasa Tigh Rabhartaigh.*

2. *Foireann Oideas Gael 2005.*

3. *Rang Cláirseoireachta.*

4. *Grúpa mac léinn ag maisiú 'An Dúchas Lom'.*

5. *Kenneth King le mac léinn ag ceardlann péintéireachta.*

6. *Antain Mac Lochlainn, Siuán Ní Mhaonaigh, Gearóidín Ní Ghonghail agus Caitríona Nic Conchradha.*

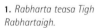

thosaigh foireann ag obair go lánaimseartha (nó geall leis) do Oideas Gael. Thoiligh Liam Ó Cuinneagáin sos gairme a ghlacadh óna chúraimí mar mhúinteoir le dul i mbun phost an Phríomhstiúrthóra agus fostaíodh Siobhán Ní Churraighin agus, ina dhiaidh sin, Gearóidín Ní Ghonghail le haire a thabhairt do ghnóthaí riaracháin, beirt ógbhan díograiseach, éifeachtach atá ag fónamh don eagraíocht riamh ón uair sin. Faoin am seo fosta bhí painéal de mhúinteoirí ard-oilte ann nach raibh le sárú ina ngairm, cuid acu mar Bhernardine Nic Giolla Phádraig, a bhí i ndiaidh tacú leis an eagras ó thosach, chomh maith le hAisling Ní Aodha, múinteoir ón cheantar agus Roibeárd Ó Maolalaidh atá ina ollamh le Gàidhlig in Ollscoil Ghlaschu anois. Sa réimse cultúrtha fosta bhí scoláirí ard-aitheanta ag cuidiú linn ó na blianta tosaigh, mar an tOllamh Séamas Ó Catháin, an tOllamh Mícheál Ó hOireachtaigh, an Dr Lillis Ó Laoire, an Dr Seán Ó hEochaidh agus lucht litríochta is ceoil mar Chathal Ó Searcaigh, Pól Ó Muirí, Gréagóir Ó Dúill agus Ghearóidín Bhreathnach.

Mar is fearr a bhí ag éirí leis na cúrsaí agus líon a bhfreastail ag dul i líonmhaireacht mar is mó a bhí brú ag teacht ar líon na lóistíní i nGleann, a raibh éileamh orthu cheana ag gnáththurasóirí shaoire an tsamhraidh. Arís eile deonaíodh maoiniú ón Chiste Idirnáisiúnta d'Éirinn, ar tógadh áras lóistín lena chabhair ar láthair Fhoras Cultúir Uladh, rud a thug faoiseamh sa chás agus a chuir ar chumas na heagraíochta freastal ar ghrúpaí mac léinn ón iasacht agus dreamanna daoine dá macasamhail i gcaitheamh ráithí eile na bliana diomaite den samhradh. I measc buíonta dá leithéid tá ceangal caradais ar leith cruthaithe le hionad an Léinn Éireannaigh agus Cheiltigh in Ollscoil Wisconsin-Milwaukee agus lena Stiúrthóir gnaíúil, éifeachtach, Seán Ó Gliasáin a thugann páirtí go Gleann le haghaidh cúrsa Gaeilge agus

2.

1.

3.

4.

6.

béaloidis i dtosach gach bliain. Tá sé léirithe fosta a úsáidí atá an Foras mar lárionad le haghaidh cúrsaí oiliúna agus imeachtaí a bhíonn ag freastal ar an phobal áitiúil, mar ríomhaireacht, Gaeilge agus réimsí ealaíne; agus b'ann a lonnaíodh thar na blianta roinnt tionscnamh a bhí maoinithe ag scéimeanna Eorpach Horizon agus Integra mar Taipéis Gael agus 'Ag Tógáil ár bPobal' cúrsa oiliúna i dtógáil ballaí cloiche. Sa bhliain 1993 eagraíodh an chéad chomhdháil

5.

idirnáisiúnta ann nuair a tháinig baill an Atlas Linguarum Europae le chéile ann (faoi choimirce UNESCO) ón iomad tír ar fud na hEorpa – ón Eastóin go dtí an tSeoirsia – agus ó Mheiriceá Thuaidh le haghaidh cruinniu idirnáisiúnta 'The First Colloquium on Spoken Celtic Languages'; agus beagán blianta roimhe sin fuarthas an t-aitheantas is mó do chur chun cinn stádas na Gaeilge sa cheantar nuair a tionóladh

1. *Daithí Kimber agus Traolach Ó Briain (Port Láirge) le Liam Ó Cuinneagáin agus Éamonn Ó Dónaill.*

2. *Risteard Mac Aodha agus Bob Ó Rodaí le Caoimhín Ó Donnghaile 1985.*

3. *Giúis phortaigh á tógáil le 'An Dúchas Lom' a chruthú.*

4. *'An Dúchas Lom' á chruthú ag Gordon Woods. Is dealbhadóir aitheanta é Gordon Woods, a bhfuil spéis ar leith i ndealbha timpeallachta aige.*

5. *Marion Mhic Giolla Easpaig le cara ag ceardlann péintéireachta 1992.*

6. *Peadar Seoighe, Doire, le beirt eile.*

25

príomhfhéile na Gaeilge, Oireachtas na nGael féin, ann sa bhliain 1989, ar a raibh Liam Ó Cuinneagáin ina stiúrthóir.

Níl aon amhras ach gur féidir le bunadh Ghlinne, le foireann agus lucht tacaíochta Oideas Gael a bheith bródúil as an dul chun cinn atá déanta ag an eagraíocht seo thar 25 bliain – agus tugtar aitheantas dár n-imeachtaí agus do chuid de na daoine sin in áit eile sa leabhar seo – ach d'éirigh le hOideas Gael a mhaith féin a dhéanamh don cheantar, ag cuidiú leis, go háirithe, dúshlán an mheatha a tháinig ar eacnamaíocht na tire agus an chontae a thabhairt sna déaga de bhlianta atá thart nuair a líonadh na mílte d'áiteanna ar chúrsaí na heagraíochta ó earrach go fómhar bliain i ndiaidh bliana agus ag soláthar ioncam substaintiúil ar bhonn bliantúil. Is é ár ndóchas go mbeidh ar a chumas leanúint ar aghaidh go láidir sa treo céanna agus cuidiú le bunadh an dá ghleann buntáiste a bhreith ar a dteanga agus a gcultúr le dúshlán na haimsire doineannta a bhfuil muid ina láthair a thabhairt feasta.

Leac cuimhneacháin an Oireachtais á nochtadh i nGleann ag a Shoilse, an Dr Pádraig Ó hIrghile, Uachtarán na hÉireann, i láthair an Aire Stáit, Pat 'the Cope' Ó Gallchóir. Is é an Dr Seán Ó hEochaidh atá ag tabhairt óráid na hócáide.

Liam Ó Cuinneagáin, stúirthóir Choiste An Oireachtais ag labhairt le linn na Féile i nGleann, 1989

An Scoil Shamhraidh Bhliantúil

Scoil Shamhraidh inti féin a bhí sa chéad chúrsa riamh a chuir Oideas Gael ar fáil i nGleann Cholm Cille ('Gleann') sa bhliain 1984, nó bhí sé mar aidhm ag an eagraíocht an teanga a mhúineadh ar lámh amháin le heochair a chur ar fáil don saibhreas cultúrtha atá ann i ngan fhios do mhórán daoine, idir Éireannaigh agus an pobal ar fud an domhan ar de shliocht na hÉireann iad, agus, ar an lámh eile, le cruthaitheacht a spreagadh sa teanga féin trí cheard-lanna, seimineáir agus ranganna i ngnéithe difriúla den chultúr a thairiscint le linn an chúrsa. Mar sin de, ba í an fhoirmle a bhí ann le linn an chéad chúrsa úd a mhair 10 lá: ranganna grádaithe sa teanga mar aon

le ceardlanna éagsúla trí mheán na teanga i ndiaidh am lóin, agus ansin, gach oíche i gcaitheamh na tréimhse, chuirfí seisiún ar fáil a raibh sé mar chuspóir aige eolas níos doimhne a thabhairt do lucht an chúrsa ar ghné éigin de shaol nó de chultúr na Gaeilge. Scoláirí a bhí aitheanta ina réimsí féin mar bhéaloideas, ceol tire, amhránaíocht ar an sean-nós a bhíodh ag teacht chugainn mar 'oidí', mar a déarfá, chomh maith le scríbhneoirí a raibh cáil bainte amach acu de thairbhe a saothair fhilíochta nó phróis agus cainteoirí a raibh taithí agus freagracht acu i dtaca le forbairt agus riarachán Gaeltachta.

Níor ligeadh i ndearmad ach oiread saol traidisiúnta na Gaeltachta áitiúla agus, chomh maith le haoichainteoirí as Gaeltachtaí eile an chontae, bhíodh fáilte mhór isteach i gcónaí roimh an dream ab eolaí i measc mhuintir Ghlinne ar sheansaol agus cleachtais traidisiúnta an cheantair.

Ba pháirt lárnach d'imeachtaí an

1. *Tamall machnaimh; Seoirse Bodley, Aylish Kerrigan agus cairde.*

2. *Cuid den dream a d'fhreastail ar chúrsa Teanga agus Cultúir Oideas Gael sna blianta tosaigh. I láthair bhí daoine ó Iosrael, an Ghearmáin, an Ollainn, Cheanada, an Astráil, SAM, Albain agus Shasana, chomh maith le gach cearn d'Eirinn, thuaidh agus theas.*

3. *Scoil Shamhraidh 1992.*

chéad chúrsa úd, mar is ea go dtí an lá inniu féin, turas a dhéanamh timpeall ar sheanleaca agus ionaid stairiúla agus chomhaimseartha an ghleanna agus eolaí áitiúil mar threoraí againn ann agus, gan amhras, ba mhór a chuir sé leis an tairbhe agus an taitneamh a baineadh as an chúrsa iarsmalann áitiúil an Ath. Mhic Dhaidhir, 'An Clachán Gaelach', a bheith ar leac an dorais againn agus é d'ádh orainn treoraí a bheith ar fáil a thugadh dúinn míniú cuimsitheach i nGaeilge ghlinn na háite ar ailtireacht na dtithe agus ar na taispeántais. Ní dhearnadh neamart den cheol ach oiread, ar ndóigh, agus bhí áit ar an chlár i gcónaí d'amhránaithe agus do cheoltóirí ó Ghleann, ón cheantar máguaird agus ó áiteanna níos faide ar shiúl sa chontae le páirt a ghlacadh oíche amháin sa tseachtain i gcoirm cheoil speisialta inar léiríodh ealaíon agus scileanna na sáramhránaithe agus na scothcheoltóirí seo. Nós eile a

bhí ann go bhfreastalaíodh lucht an chúrsa ar Oíche Ghaelach an Athar Mhic Dhaidhir san óstán, nó sin go nglacadh siad páirt sna céilithe a reáchtáiltí go rialta i Halla Mhuire. Ní bréag a rá ach oiread gur mhór an áis do mhuintir Oideas Gael halla seo an pharóiste a bheith ar fáil againn go dtí gur tógadh Foras Cultúir Uladh agus go bhfuil na stiúrthóirí faoi mhórchomaoin ag bunadh na háite as a úsáid a cheadú dúinn go flaithiúil.

Ba léir nuair a d'fhill mórán den dream a bhí ann don chéad chúrsa fá choinne an dara bliain, agus daoine eile lena gcois, nach ró-mhíshásta a bhíothas leis an mheascra cultúrtha a cuireadh ar fáil agus, ós comhairle dhosháraithe í gan cur isteach a dhéanamh ar leagan amach a bhfuil ag éirí leis, cloíodh a bheag nó a mhór i dtaca le feidhmiú na Scoile Samhraidh de, leis an fhoirmle a ceapadh don chéad chúrsa úd tá 25 bliana ó shin. Ar réimsí a ndearnadh cothú ar leith

iontu ó thús áirítear an béaloideas agus an nualitríocht agus, mar ba dual d'eagraíocht a bhí lonnaithe in iardheisceart an chontae, bhí an Dr Seán Ó hEochaidh ar na haoichainteoirí a thug léachtaí béaloideasa do fhreastalaithe na scoile i dtús ár saoil. Sa réimse chéanna tá comaoin ollmhór curtha orainn ag an Ollamh Séamas Ó Catháin, mórscoláire a bhfuil cáil idirnáisiúnta air agus an duine a chuir eagar ar bhailiúchán cáiliúil síscéalta Thír Chonaill de chuid Uí Eochaidh. Is fear taca mór de chuid Oideas Gael é Séamas ó na blianta tosaigh úd agus déanann sé cúram i gcónaí de sheimineár béaloideas bliantúil ina ndéantar mionstaidéar ar shaintréithe d'oidhreacht bhéaloidis na Gaeilge, ag díriú go háirithe ar Chúige Uladh agus Dún na nGall. Áirítear fosta ar chlár bliantúil na Scoile seisiún filíochta agus bhí d'ádh orainn thar na blianta cuid de na filí Gaeilge ba mhó iomrá

sa tír a bheith ag léamh agus ag déanamh tráchtaireachta ar a saothar. Is iomaí sin uair, mar sin, a bhí Cathal Ó Searcaigh inár gcuideachta agus ar na húdair eile a léigh is a phléigh a ndánta linn bhí Gréagóir Ó Dúill, Pól Ó Muirí agus Peatsaí Mac Suibhne. Nós a bhí ann sna blianta tosaigh go mbeadh seisiún sa scoil fosta ó scríbhneoir próis agus thugadh na cainteanna a fuarthas an t-am sin ón scríbhneoir réabhlóideach Ultach, Séamas Mac Annaidh, údar Cuaifeach mo londubh bhuí agus Ruball na Mickeys, sásamh ar leith dá lucht éisteachta. Gidh gur thit nós na seisiún próis ar lár ón uair sin ní miste a mhaíomh gur reáchtáladh ceardlann seachtaine ar an scríbhneoireacht chruthaitheach ina dhiaidh sin faoi stiúradh Rónáin Mhic Aodha Buí.

Páirt lárnach de chlár na scoile, mar a luadh, ab ea cúrsaí ceoil agus mar a d'fhás lion freastalaithe agus, dá réir sin, lucht tacaíochta agus

acmhainní Oideas Gael rinneadh aonad ar leith den eilimint amhránaíochta a mbíonn, ar na saolta seo, ceolchoirm shean-nóis ina buacphointe aige. Tá cuntas in áit eile sa leabhar seo ar fhorbairt na hoibre sin ó scoláire aitheanta ar duaiseoir Chorn Uí Riada é féin chomh maith, fear a bhfuil páirt lárnach inti le fada, an Dr Lillis Ó Laoire. Is maith mo chuimhne féin gur chaith ball óg den Gharda Síochána a bhí ar dualgas thar lear sa Craíéin bhliain áirithe an dornán beag de laetha saoire a bhí ceadaithe aige istamhradh ag taisteal ar ais go hÉirinn le freastal ar an cheardlann sean-nóis faoi stiúradh Lillis – gníomh nár bheag ann féin mar mholadh ar an cheardlann chéanna, dar liom. Le cois na hoiliúna uilig a

chuirtí ar an dream de mhuintir na Scoile a dhéanadh rogha ar cheardlann an tsean-nóis agus na coirme ceoil féin a bhfuil duaiseoir Choirn Uí Riada eile, Gearóidín Bhreatnach, ina bun anois le tamall, bhíodh i gcónaí aoicheoltóirí eile ar cuairt oíche áirithe eile de chuid na seachtaine agus ba liosta le lua a raibh d'ainmneacha clúiteacha ina measc: Seoirse Ó Dochartaigh ar minic ar cuairt againn é, Tadhg Mac Dhonnagáin, Acabella, Áine Ní Cheallaigh, Aoife Ní Fhearraigh, Pádraigín Ní Uallacháin agus Len Graham, agus Brian Mullen i gcomhar leis an Oirmh. Gary Hastings, le gan trácht a dhéanamh ach ar bheagán acu. Bhí ceol de gach cineál sa timpeall ar lucht na Scoile i rith an

Pádraigín Ní Uallacháin le Máiri Nic a' Ghobhainn.

Grúpa Seandálaíochta leis an Oll. Michael Herity agus Liam Ó Cuinneagáin.

Liam Ó Néill, múinteoir ceoil.

ama, ar ndóigh, idir dhaoine a bhí ag glacadh páirte inti ar cheoltóirí críochnúla iad féin, mar Phroinsias Mac Ainmhire atá ag teacht ón tús, nach mór, agus a bhfuil taifeadtaí stairiúla aige de roinnt de na seisiuin a rinneadh thar na blianta, agus cheoltóirí an pharóiste féin mar Shéamas Ó Beirn, a d'éag anuraidh féin, mo léan! agus atá i ndiaidh a bheith ina ábhar mór inspioráide dúinn ar fad. Ach rinneadh iarrachtaí fosta le linn an ama eolas a choinneáil le lucht freastail na scoile faoi oidhreacht luachmhar cheoil an chontae agus tá Oideas Gael buíoch de léachtóirí mar an Dr Caoimhín Mac Aoidh, Cairdeas na bhFidléirí, agus Clement Mac Suibhne, nach maireann, Comhaltas Cheoltóirí Éireann, a roinn

a léann agus a smaointe linn trí léachtaí poiblí de chuid chlár na Scoile. Bhíodh fáilte i gcónaí ag na seisiúin chéanna roimh bhunadh Ghlinne agus na bparóistí sa timpeall agus dar linn gur bealach thar a bheith éifeachtach a bhí ann leis an dlúthcheangal atá riamh ann idir na daoine a bhí ag glacadh páirte sna cúrsaí agus pobal na háite a neartú agus a bhuanú.

Ba iomaí sin gné de shaol agus de chultúr na Gaeilge agus na Gaeltachta, a pléadh sna léachtaí oíche céanna thar na blianta. Bhí aoichainteoirí a phléigh staid na Gaeltachta lenár linn féin, mar Phádraig Ó hAoláin,

príomhfheidhmeannach Údarás na Gaeltachta Cathal Goan a bhí i gceannas ar TnaG san am, nó an riocht ina raibh sí sna laetha a caitheadh, mar staraí iomráiteach an chontae, an Dr Conall Mac Cuinneagáin, agus an Dr Breandán Mac Suibhne, Ollscoil Notre Dame. Ócáid oíche eile a bhíodh ann ó thús ab ea an seisiún drámaíochta. Ar leibhéal neamhfhoirmeálta a bhí sí seo ag titim amach sna blianta tosaigh, mar go mbíodh comórtas scoraíochta pléisiúrtha ann idir na ranganna éagsúla, nó, mar a tharla bliain nó dhó, nuair a ullmhaíodh sceitse nó blúire as dráma mar chaitheamh aimsire do chách – leagan Gaeilge de radharc as Macbeth a bhí ann bliain amháin agus sagart paróiste Chester Shasana sa phríomhpháirt ann. Ach ar ais arís, de réir mar a cuireadh le

hacmhainní na heagraíochta, tháinig leathnú ar rogha na gceardlanna a bhíodh ar fáil gach tráthnóna sa dóigh go bhfuil sa lá atá inniu ann ceardlann drámaíochta ar tairiscint faoi stiúradh éifeachtach Ray Yeats agus tugann aisteoirí na ceardlainne sin taispeántas dúinn ar roinnt dá gcuid oibre roimh chlabhsúr na Scoile. Ar na grúpaí eile a théann i mbun gnímh teacht an tráthnóna tá buíon siúil sléibhe. Is é Tony Birtill ó Learpholl a d'fhorbair an speisialtóireacht seo go dtí an pointe a mbíonn cúrsaí iomlána seachtaine tugtha suas di anois, agus tá cuntas ar leith ag Tony ar a thaithí féin ar an Ghleann in áit eile sa leabhar seo. Tá Oideas Gael thar a bheith buíoch desean ar son a chuid oibre sa reimse seo agus de dhaoine eile a

chabhraigh in imeacht na mblianta, mar Bhreandán Delap. Ar cheardlanna tráthnóna eile a tháinig chun cinn mar chuid d'imeachtaí na Scoile tá na damhsaí seite agus teagasc in uirlisí éagsúla ceoil: ní beag an teist ar mar d'éirigh leo go bhfuil cúrsaí faoi leith á dtairiscint anois ar chlár bliantúil na heagraíochta ar teideal dóibh 'An Fliút', 'An Chláirseach Éireannach', 'An Bodhrán', agus 'Damhsaí Dhún na nGall'. Ábhar eile ar díríodh air go speisialta sna blianta tosaigh le linn an turais Domhnaigh timpeall ar Ghleann ná an tSeandálaíocht agus ba ghairid gur tosaíodh ar chúrsa iomlán a thabhairt suas di seo fosta, rud atá

ag leanuint ar aghaidh faoi threoir an Ollaimh Michael Herity nach beag a chomaoin orainn as a chabhair is a chomhairle sa réimse seo ó thosach ama.

Mar is léir ón achoimre a thugtar thuas is ócáid atá thar a bheith saibhir agus ilghnéitheach an Scoil Shamhraidh Bhliantuil, rud a fhágann go dtarraingíonn sí slua níos mó freastalaithe ná cúrsa ar bith eile ar chlár ár n-imeachtaí. Mar shampla, thar na 5 bliana deireanacha bhí idir 120 agus 150 páirteach inti gach bliain agus is fíor a rá gur doiligh focal a chur ar leaba i dteach lóistín i nGleann i gcaitheamh sheachtain na Scoile. Mar atá fhios ag an saol mór faoin am seo, bíonn daoine ag triall ó

Fergus Ó Catháin agus Gerry Kearney (2007).

Ceardlann i mbun oibre sa Scoil Shamhraidh.

Mairéad Uí Lí agus Laoise de Paor le Cathal Ó Searcaigh.

gach cearn den domhan gach séasúr le bheith i láthair ag an Scoil agus ní bliain eisceachtúil ar bith í a n-áirítear 30 tír ar lucht a freastail, mar tá cáil an chruinnithe sin i ndiaidh leathnú ar fud phobal na Gaeilge agus, go deimhin, i measc shliocht na nÉireannach i ngach ball den chruinne dá mbíonn siad, sa dóigh gur féidir a mhaíomh le tamall gurb í an Scoil Shamhraidh chónaitheach Ghaeilge is mó dá bhfuil ann i dtír ar bith. A dhála sin, ní miste a dhearbhú go bhfuil tábhacht ar leith leis na ranganna Gaeilge a chuirtear ar fáil fosta le linn na Scoile. Caithfear a admháil nach beag an dúshlán é freastal ar an oiread sin daoine ag leibhéil éagsúla cumais agus taithí labhartha sa dóigh gurb ionann agus cumainn díospóireachta iad na ranganna ag na

Daithí Brule ag seinm.

Paidí Beag Mac Giolla Easpaig ag tabhairt cuntais ar an stair áitiúil le linn turais.

Seosamh Watson, Cathal Ó Searcaigh agus Victoria White ag seoladh leabhar de chuid Cathail.

leibhéil is airde agus, os a choinne sin, go mbíonn gá le dianteagasc agus mionaithris chleachta ag leibhéil na dtosaitheoirí. Ní beag an sásamh atá le baint as dul chun cinn lucht na ranganna seo a fheiceáil bliain i ndiaidh bliana agus tá ár mórbhuíochas tuillte ag scoth na múinteoirí a dhéanann cúram de sin uile: roinnt a thug cabhair dhochreidte le hobair na heagraíochta a chur ar an bhóthar, mar Bhernardine Nic Giolla Phádraig, Éamonn Ó Dónaill, Siún Ní Mhaonaigh agus Antain Mac Lochlainn; agus daoine eile nach bhféadfaí déanamh d'uireasa a dtacaíochta agus a gcúnaimh le cúrsaí a choinneáil faoi lán seoil mar atá, cuir i gcás Ray MacMánais, Anna agus Éabha Ní Mhonacháin agus Pádraig Ó Cuinneagáin.

Bíodh sin mar atá, scéal cinnte gurbh é an buacphointe aitheantais don Scoil, ar ndóigh, nuair a chinn a Soilse, Uachtarán na hÉireann, Máire bn Mhic Giolla Íosa, go nglacfadh sí féin agus a teaghlach páirt sa Scoil Shamhraidh den chéad uair i 1998. Ba mhór an onóir d'Oideas Gael an méid sin – agus, gan amhras, mar a thoiligh an tUachtarán fosta Réamhfhocal a chur leis an leabhar cuimhneacháin seo féin. Ní furasta a chreidiúint gurb í seo an deichiú bliain di féin a bheith inár measc agus tuairiscí ag teacht chugainn ó na ceithre hairde is fiche lena insint cé chomh mór is a chuireann sí féin is a teaghlach le pléisiúr agus le croíúlacht na hócáide gach samhradh, go háirithe ón dream a mbíonn sé d'ádh orthu a bheith in aon rang léi. Cibé fás nó forbairt a thiocfaidh ar an Scoil sna blianta atá romhainn, má tá a leithéid i ndán, ní féidir a shéanadh gur blianta iad seo nach bhfeicfear a leithéidí arís.

Cuimhní Cinn ar Oideas Gael 1989-2009

LILLIS Ó LAOIRE

Rugadh agus tógadh Lillis Ó Laoire i dTuaisceart Thír Chonaill. Oileadh é ansin agus i gColáiste na hOllscoile Gaillimh. Chaith sé roinnt mhaith blianta ag obair i Luimneach agus cúpla bliain sna Stáit Aontaithe. Tá sé ar ais in Ollscoil na hÉireann Gaillimh anois ag léachtóireacht sa Ghaeilge agus sa Bhéaloideas

In 1989 a thug stiúrthóirí Oideas Gael, Liam Ó Cuinneagáin agus Seosamh Watson, cuireadh domsa ceardlann amhránaíochta ar an sean-nós a chur ar bun le linn Sheachtain Teanga agus Cultúir na bliana sin. Ba í an aidhm a bhí acu go bhfaigheadh daoine níos mó tuigbheála ar amhráin agus ar amhránaíocht thraidisiúnta na gConallach. Bhí mé féin ag cur suime san ábhar sin le dornán blianta roimhe sin agus, ó tharla go raibh, is dóigh go dteachaigh m'ainm ina gcluasa agus gur mar sin a smaoinigh siad orm. Ba í sin an bhliain a bhí an

tOireachtas le bheith i nGleann Cholm Cille agus creidim go raibh súil acu go mb'fhéidir go spreagfaí cuid d'amhránaithe an cheantair le cur isteach ar na comórtais a bheadh ina gcuid d'imeachtaí na Féile.

Murab ionann agus inniu ní raibh foirgneamh dá chuid féin ag Oideas Gael an t-am sin agus is i scoil an Chaisil a bhí na ranganna againn an chéad bhliain sin agus go ceann roinnt eile blianta ina dhiaidh sin. Bhí Deirbhile Ní Churraighín as Teileann páirteach sna ranganna sin na chéad bhlianta sin fosta. San am sin, aisling in aigne na ngníomhaithe teanga a bhí i stáisiún teilifíse Gaeilge go fóill agus bhí Deirbhile ag saothrú a coda mar mhúinteoir bunscoile ar na Cealla. Chomh maith leis sin bhí sí ag déanamh ranganna le haos óg an cheantair ag múineadh ceoil, drámaíochta agus a mhacasamhail sin dóibh. Thigeadh sí gach lá ar bhus agus cúigear nó seisear de na ceoltóirí óga ab fhearr a bhí i dTeileann léi. Bhí

daoine eile ag freastal ar na ranganna an t-am sin fosta, mar a bhí Teresa Mhic Uidhir, bean ar chuir a binneas gutha agus a cruinneas stíle iontas agus aoibhneas orm agus a bhfuil scoith an cheoil aici go dtí an lá atá inniu ann. Uaithise a chuala mé seanleagan de 'Pill, pill a rún ó!', amhrán an Athar Doiminic Ó Dónaill, an sagart a thiontaigh a chóta mar gheall ar ghrá a thug sé do bhean, de réir an scéil. Ó tharla go raibh an t-amhrán sin i mbéal an phobail de bharr, is dóigh, é a bheith ar churaclam na scoile le blianta fada, bhí an gnáthfhonn ar eolas go maith agam, ach b'ábhar iontais domh é go raibh fonn eile de, nó leagan eile den fhonn ag Teresa. Thaifead mé an t-amhrán uaithi i rith na seachtaine sin agus bhain mé úsáid as ina dhiaidh sin nuair a d'iarr Seosamh orm aiste a scríobh faoi shaibhreas amhránaíochta an cheantair don leabhar

Máiri Nic a' Ghobhainn le Lillis Ó Laoire.

Lillis Ó Laoire ag glacadh le Corn Uí Riada ó Edel Ní Churráin (RnaG).

Oidhreacht Ghleann Cholm Cille, cnuasach aistí a raibh cur síos iontu ar shaibhreas cultúrtha agus oidhreachta an cheantair.

Tá Teresa pósta ar John 'ac Uidhir agus bhí a mháthair s'aigesean, Agnes, beo breabhsánta an t-am sin fosta. Ceann d'iontais agus de phléisiúir mhóra na chéad seachtaine sin a bhí ann Agnes a chluinstin ag rá an amhráin 'Camas Binne', amhrán áitiúil fá bhriseadh loinge a tharla amach ó Phort, an baile tréigthe atá ag ceann an bhealaigh agus duine ag gabháil amach ó thuaidh a fhad leis na Mínte. Chuir mé aithne fosta an bhliain sin ar Rob Ó Maolalaigh, mac léinn iarchéime de chuid Choláiste Ollscoile Bhaile Átha Cliath, fear atá anois ina Ollamh le Gaeilge na hAlban in Ollscoil Ghlaschu. Gach bliain bíonn ceolchoirm ann mar chuid d'imeachtaí na seachtaine cultúir agus teanga agus bhíodh Agnes linn i gcónaí ag an cheolchoirm sin go dtí go bhfuair sí bás. Lean John air ina háit ina dhiaidh sin agus is minic a chuir sé féin pléisiúr ar an lucht éisteachta lena chuid leaganacha de 'Chamas Binne', de 'Tá Gleann Beag Ró-Aoibhinn in Éirinn', agus den cheann a chuaigh go mór i gcion ar an lucht éisteachta i dtólamh, 'An Seanduine Dóite'.

Fear eile a thig isteach ag an cheolchoirm ó am go ham é Brian Ó Baoill as Mín an Aoirí anois, ach as Mín an Chearrbhaigh ó dhúchas. Tá saibhreas iontach ag an fhear seo óna athair, Cathal Ó Baoill, roimhe, agus le gairid cluineadh a ghlór agus é ina fhear óg ag scéalaíocht do Mháirtín Ó Cadhain, le linn dó a bheith ag bailiú béaloidis i dTír Chonaill. Is é a ghlór ceoil a thug go hOideas Gael é, agus is cuimhin liom Seosamh Watson oíche amháin dá raibh sé linn ag trácht ar chanúintí éagsúla Dhún na nGall uilig á labhairt i gcuideachta ag an ócáid. Bíonn ceoltóirí as Gaeltacht an iarthuaiscirt ag an cheolchoirm gach bliain agus bhí Seosamh ag tagairt dóibhsean agus dá gcuid Gaeilge chomh maith. De réir mo chuimhne, ba é Éamonn Mac Ruairí as Toraigh, agus Caitlín Uí Dhomhnaill as Rinn na Feirste, go ndéana Dia a mhaith orthu, a bhí i gceist aige.

Bean shúáilceach chroíúil eile a thig chuig an cheolchoirm go rialta, gura buan í! Cití Seáin Uí Chuinneagáin, as Teileann. Bean iontach Cití a bhfuil seanchas agus ceol thar cuimse aici. I mí na Bealtaine anuraidh, bhí sí ar cuairt cheoil le ceoltóirí uirlise eile de chuid an cheantair. Cheol sí a trí nó a ceathair d'amhráin agus ag deireadh na hoíche, seo í amuigh ag damhsa lena hiníon Margaret ar an urlár tigh Hiúdaí Bhig ar an Bhun Bheag, ach oiread is dá mbeadh gan a bheith inti ach lioca de ghirseach sé bliana déag! I measc na gceoltóirí an oíche sin, bhí Beirneach binn Mhín na Saileach, rí na bhfidléirí san iardheisceart agus fear a bhí ar uaisle ceoil Éireann. Ba bheag a shíl mé an oíche sin, agus é go aoibhiúil ag seinm dúinn go pléisiúrtha mar ba dual riamh dó, gurbh é an t-am deireanach é a tchífinn beo é. Is mór an chaill a bhás anabaí.

Is iomaí ceoltóir eile a bhí linn in imeacht na mblianta fosta. Tá mé ag smaointiú go speisialta anois ar Chonall Ó Domhnaill, seanchaí agus ceoltóir mór Rinn na Feirste a bhí ina chónaí i mBaile Chonaill, cóngarach don Fhál Charrach. Is minic a tháinig sé aduaidh agus a roinn sé a shaibhreas ceoil leis na scoláirí, trócaire air! Duine a bhí ann a raibh tuairimí láidre aige agus é cinnte gur aige féin a bhí an ceart. Oíche amháin ag an cheolchoirm bhí Éamonn Mac Ruairí linn agus d'inis sé scéal an amhráin 'Maidin Fhómhair' mar a chuala seisean é i dToraigh. Bád seoil a bhí thiar i gConnachta sa tsean-am agus chuala fear den fhoireann an t-amhrán ag bean a bhí ag buachailleacht in aice an chladaigh.

D'iarr sé an t-amhrán uirthi an dara huair agus fuair. Bhí sé leis go Toraigh ina dhiaidh sin. Leis sin, d'easaontaigh Conall le leagan Éamoinn den scéal ag inse gurbh as oirthear Chúige Uladh a tháinig an t-amhrán go Dún na nGall. Ní róshásta a bhí Éamonn fán méid sin, agus nuair a fuair sé deis labhairt arís, deir sé, 'Níl maith domh a ghabháil a inse níos mó daoibh, nó bréagnófar mé!' Bíonn dhá inse ar an scéal agus dhá ghabháil déag ar an amhrán!

Cé nach mbíodh baint ar bith acu le gnoithe an cheoil, bhí daoine eile a thigeadh isteach ó am go ham a chaint leis na scoláirí a chuireadh pléisiúr ort a bheith ag éisteacht leo ag seanchas agus ag inse fá stair agus fá dhúchas na háite. Ba iad sin Aodh Ó Baoill, nó 'Hughie Mhín na Saileach', mar is mó a bheirtí air, agus Jimí Mac Giolla Chearra, fear a bhfuil eolas as cuimse aige ar thuras Cholm Cille agus a threoraíonn daoine ar an turas sin gach bliain. B'iontach an rud é a bheith ag éisteacht lena gcuid Gaeilge, an saibhreas cainte a bhí inti agus an t-eolas a bhí acu ar an cheantar. Cé go raibh siad sin iontach agamsa, ó tharla gan mórán cleachta a bheith agam ar Ghaeilge an iardheiscirt, agus go raibh, go dearfa, saibhreas mór acu, rud eile a chuir

iontas orm, go raibh oiread Gaeilge ag muintir na háite. Is maith is cuimhin liom, cuirim i gcás, lá amháin ag ithe lóin domh i dTeach an Lása beirt bhan a bheith i láthair ag déanamh a gcoda mar a bhí mé féin, agus nár labhair siad focal ar bith Béarla i rith an ama. Ba léir gurbh as an cheantar iad agus, cé nach raibh mé ag iarraidh a bheith ag cúléisteacht leo, ní thiocfadh liom gan luas agus líofacht a dteanga Ghaeilge a thabhairt fá dear. Ní bhfuair mé amach riamh cérbh iad, ach glacaim leis gur mná de chuid an cheantair a bhí iontu a bhí ar an Chaiseal lena gcuid siopadóireachta a dhéanamh. Thug an tOireachtas uchtach do go leor daoine ina dhiaidh sin túsú ar a gcuid Gaeilge a chleachtadh arís agus a bheith réidh leis an dearcadh diúltach a bhí agus atá, tá eagla orm, ag go leor de phobal na Gaeltachta i leith a dteanga go fóill. Chonaic mé daoine a bhí doicheallach go leor a bheith ag tabhairt freagra i nGaeilge ag athrú i ndiaidh an Oireachtais ina

nGaeilgeoirí forbháilteacha, agus chuir sé iontas orm.

Bhí an tOireachtas céanna sin speisialta domhsa ar bhealaí eile. Tháinig mé féin ann as Luimneach le scaifte de mo chairde agus ghlac muid teach ar cíos. Bhí gáirí go leor againn i rith an deireadh seachtaine sin. Tháinig m'athair agus mo mháthair chuig an chomórtas an oíche sin, agus is cuimhneach liom gur chríochnaigh mé sa cheathrú háit i gCorn Uí Riada an oíche sin, rud a shásaigh go mór mé. Ba mhinic a bhínn ag plé ceist an cheoil agus an tsean-nóis le m'athair roimhe sin agus ní shílim gur thuig sé i gceart cad chuige a raibh mé chomh sáite sin ann. Ach an oíche sin dúirt sé liom gur thuig sé sa deireadh é. Shíl sé a mhór d'ócáid Chorn Uí Riada agus chuaigh na ceoltóirí eile i bhfeidhm go mór air. Bhí spéis faoi leith aige i gcuid amhrán Sarah Ghriallais an oíche sin, agus labhair sé léi i ndiaidh an chomórtais, rud a thaitin go mór léi. Is minic a luann sí an ócáid liom ó shin. Bhí an-drochoíche ann an oíche chéanna agus leaba de bharraíocht sa teach againn. Chuaigh muid a dh'iarraidh ar mo mhuintir an oíche a chaitheamh agus imeacht ar maidin. Ach ní raibh gar ann. Bhí lón an Domhnaigh ar a intinn ag m'athair agus ní dhéanfadh

Lillis Ó Laoire ag ceolchoirm an tSean-Nóis le hÉamonn Mac Ruairi agus Caitlin Uí Dhónaill.

dadaidh gnoithe ach go n-imeodh sé féin agus mo mháthair síos abhaile go Gort an Choirce i ndiaidh an chomórtais. Ba é sin an t-am deireanach a chonaic mé beo é. Cuireadh é i gcré na cille seachtain chothrom ón lá sin.

Bhí fréamh mhaith gaoil agam féin le ceantar iardheisceart Dhún na nGall, dar ndóigh, cé gur beag eolas praiticiúil a bhí agam air i ndáiríre. Tá a fhios ag go leor gurbh as paróiste Chill Charthaigh m'athair mór, Conall Mac Giolla Chearra, Con Mhicí Aindí, as Gleann an Bhaile Dhuibh, fear a chaith a shaol le dochtúireacht ar an Bhun Bheag in iarthuaisceart na contae, agus fear, go dearfa, a thug ar an tsaol mé féin agus go leor eile diomaite díom. Ach b'as an taobh seo a athair céile s'aigesean, mo gharathair, Micheál Mac Pháidín, máistir scoile Ghort an Choirce, as Cill Charthaigh fosta, cé nach bhfuil a fhios agam i gceart cén baile arbh as é. Bhí gaol gairid go maith aige le fear a chomhainm, Micheál Óg Mac Pháidín T.D., fear a bhfuil sé de chlú air nár labhair sé oiread agus focal Gaeilge a fhad agus a bhí sé i nDáil Éireann. Tá tuairim agam gurbh é an Máistir Mac Pháidín a choinnigh m'athair mór le baisteadh, agus gurbh é sin ba chúis le m'athair mór a bheith ar cuairt i nGort an Choirce, áit ar

Gearóidín Neidí Frainc Bhreathnach lena rang sean-nóis.

casadh a bhean chéile air, Mary Nic Pháidín, iníon an mháistir. Le cois an ghaoil, bhí fear eile de chuid an iardheiscirt ina chomharsa bhéil dorais againn i nGort an Choirce, fear a chuidigh go mór liomsa ar anmhórán dóigheanna, mar a bhí Seán Ó hEochaidh, an bailitheoir ainmniúil béaloidis as Cruachlann, i dTeileann, agus a chaith a shaol ar fad ag cur oidhreacht bhéil Thír Chonaill ar shlí a sábhála. Chuir seisean i dtreo na gcartlann mé, áit a bhfuair roinnt amhrán de chuid an cheantair, cuirim i gcás, ó leithéidí an cheoltóra mhóir Séamas Ó hIghne (Jimí Shéamais) as Mín na Saileach, duine den bheirt as an pharóiste ar tógadh laoi Fhiannaíochta uaidh (Micheál Ó hIghne, Micí Phaidí Bháin as an Atharach, Teileann, an fear eile) agus ceol leis, agus a raibh amhráin dheasa eile aige fosta a bhain go dlúth don áit. Bhí an leabhar Ceolta Theilinn a chuir uncail Sheáin, Pádraig Mac Seáin le chéile ina chuidiú mór fosta. Lena chois sin, bhí corrphíosa ag Seán ó Mháire Johnny Johndy Ní Bheirn as Iomaire Mhuireanáin i dTeileann, go speisialta leagan de 'Neansaí Mhíle Grá' a raibh fonn éagsúil leis thar mar a bhí ag an Chlannad, an grúpa ceoil a chuir an t-amhrán i mbéal na hÉireann. Mhúin mé an t-amhrán ag

na chéad cheardlanna sin agus thaifead an grúpa ceoltóirí óga arís ina dhiaidh sin é ar an chaiséad 'Faoi Bhun Shliabh a Liag', agus dúirt siad go han-mhaith é.

Is doiligh a chreidbheáil go bhfuil an cheardlann ar an sean-nós 20 bliain d'aois i mbliana. Is minic a smaoiním ar laethanta maithe a bhí agam i nGleann agus ar an aire mhaith a bheirtí domh tigh Ghadhra, áit ar chaith mé cúpla bliain ar ceathrúin ann. D'éirigh mé féin as i 1997 agus ghlac Gearóidín Bhreathnach an cheardlann as láimh agus chuir a stampa sainiúil féin air in imeacht na mblianta. Is minic a bhí mé féin i m'aoi le linn na mblianta seo agus chuir sé iontas orm i gcónaí an tsuim a bhí ag na scoláirí sna hamhráin agus an dúthracht a chaith siad le bheith ag éisteacht agus ag foghlaim. Beidh mé féin ar an stiúir i mbliana arís agus mé ag dúil go mór le mo sheachtain sa Ghleann. Go maire Oideas Gael an céad!

An tAthair Ó Gallchóir

An tAth. Éamon Ó Gallchóir a bhí mar shagart cúnta i nGleann Cholm Cille agus Oideas Gael á bhunú. Bhí a chomhleacaí cáiliúil an tAth. Séamas Mac Daidhir ina Chanónach ar an Charraig agus é i gcónaí réidh le cuidiú le gach iarracht.

Thug an tAth. Eddie spreagadh agus cuidiú dúinn agus ba phléisiúrtha é do lucht freastail na gcúrsaí a Ghaeilge bhinn dhúchasach a chluinstin ar aifreann an Domhnaigh. Lean sé lena thacaíocht ar feadh na mblianta ar aghaidh agus tá muid fíorbhuíoch dó.

Mé Féin agus an tOideas

RAY MAC MÁNAIS

Tá mé thar a bheith sásta an deis seo a bheith agam comhghairdeas a dhéanamh le hOideas Gael ar ócáid cheiliúrtha seo bhunú an choláiste cúig bliana is fiche ó shin. Tháinig mé ar mo chéad chúrsa anseo i samhradh na bliana 1998 agus níor chaill mé scoil samhraidh ó shin. Is breá liom Gleann Cholm Cille agus pobal lách an Ghleanna, agus tá áit ar leith i mo chroí ag an choláiste seo agus ag a mhuintir.

Guím raidhse agus rath oraibh agus go maire sibh an céad!

Tá Ray Mac Mánais ina mhúinteoir agus ina phríomhoide ar Ghaelscoil Míde i dTuaisceart Bhaile Átha Cliath. Tá taithí na mblianta aige i múineadh na Gaeilge do dhaoine fásta chomh maith, agus tá sé ar fhoireann teagaisc Oideas Gael le fada an lá. Is é múinteoir pearsanta Gaeilge Uachtarán na hÉireann é ón am ar toghadh í.

Tá Ray paiseanta faoin Ghaeilge agus faoi na gnéithe dúchasacha de shaol cultúrtha na hÉireann. Tá spéis ar leith aige sa scríbhneoireacht agus tá dhá bheathaisnéis dá chuid curtha i gcló chomh maith le hábhar Gaeilge do dhaoine óga. Tá drámaí scríofa aige ar iarratas ón Taibhdhearc agus do chompántais amaitéaracha fosta; agus tá scripteanna scríofa aige fá choinne cláracha ar RTÉ, BBC, TG4 agus Raidió na Gaeltachta.

Tá mórán amhrán Gaeilge scríofa aige agus is iomaí agallamh beirte agus lúibín dá chuid a bhain duaiseanna ag Oireachtas na Gaeilge. Sa bhliain 1999 bronnadh Gradam an Oireachtais air mar aitheantas ar a shaothar sna healaíona Gaeilge.

Cúpla focal ar ócáid cheiliúrtha
25 Bliain Oideas Gael

RAY MAC MÁNAIS

Tá rud inteacht niamhrach ag baint le Gleann Cholm Cille. Bhraith mé é sin ar dtús i 1989 nuair a bhí Oireachtas na Gaeilge i nGleann. Cé gur Oireachtas beag a bhí ann i gcomparáid le féilte móra an lae inniu, bhí sé ar cheann de na cinn ba phléisiúrtha riamh. Bíonn daoine á chur sin síos do shuíomh álainn an Ghleanna agus do láíocht na ndaoine, ach chuidigh sé go mór go raibh lámh mhaith ar stiúir na féile sin. Sea, Liam Ó Cuinneagáin a bhí ina stúirthóir ar an choiste áitiúil a bhí i mbun a eagraithe. Tá bua an dea-eagraithe go smior i Liam, bíodh sé ag feidhmiú mar mhúinteoir, mar stiúrthóir ar Oideas Gael nó mar Chathaoirleach ar Údarás na Gaeltachta.

Ceapadh mé mar mhúinteoir pearsanta Gaeilge d'Uachtarán na hÉireann, Máire Mhic Ghiolla Íosa, go gairid i ndiaidh a hinsealbhaithe i mí na Samhna 1997. Nuair a d'iarr an tUachtarán mo chomhairle maidir le cúrsa Gaeltachta don samhradh ina dhiaidh sin, ní thiocfadh liom áit ní b'fhearr a mholadh di ná Oideas Gael;

agus sin mar a thosaigh ceangal an Uachtaráin le Gleann. Nuair a d'oscail an tUachtarán Pádraig Ó Irghile Oireachtas na Gaeilge i nGleann Cholm Cille i 1989 ba bheag a shíl duine ar bith againn go mbeadh an chéad uachtarán eile a thiocfadh isteach san áit ag teacht ar chúrsa Oideas Gael. Ba mhór an t-uchtach agus an misneach a thug Máire Mhic Ghiolla Íosa d'fhoghlaimeoirí na Gaeilge ar fud na hÉireann agus ar fud na cruinne nuair a rinne sí an gníomh sin. Chuir sí borradh mór faoin Ghaeilge i saol na tíre agus thug sí aitheantas ar leith d'Oideas Gael agus dá mhuintir nuair a chinn sí ar philleadh orainn arís agus arís ó shin.

Tá an tUachtarán chomh tógtha le hOideas Gael go meallann sí ambasadóir nó dhó chun na háite ó am go chéile chun an Ghaeilge a fhoghlaim – ambasadóirí na Breataine ina measc. Ach creid é nó ná creid, bíonn fáilte roimh an ghnáthdhuine fosta san áit seo, agus is iad a thagann ina

sluaite: mic léinn ollscoile agus léachtóirí, ceardaithe agus daoine gairmiúla, filí agus ceoltóirí, múinteoirí agus cigirí scoile, daoine ar an ghannchuid agus iad siúd a ligeann orthu nach bhfuil pingin rua acu; daoine ó gach aicme agus aoisghrúpa agus as gach aon chearn den domhan.

Ar nós na ndaoine a bhain sult chomh mór sin as Oireachtas Ghleann Cholm Cille i bhfad ó shin, is féidir linn cuid de dhea-chlú Oideas Gael a chur síos don suíomh álainn agus do mhuintearas na ndaoine. Ach dálta na hócáide sin fadó tá an lámh chéanna

Ray Mac Mánais, Cristín Shinkwin agus Mel Tozer.

Ray Mac Mánais agus Antaine Ó Faracháin ag Irishfest Milwaukee.

ar an stiúir. Tá tionchar Liam Uí Chuinneagáin le brath i ngach aon ghné den eagraíocht. Ba mhaith mar a d'fhóir sé féin agus Joe Watson dá chéile nuair a thug siad faoin choláiste a bhunú cúig bliana is fiche ó shin – idir chosúlachtaí agus chodarsnachtaí. Ba mhaith mar a shuigh, agus mar a shuíonn, a gcuid láidreachtaí go maith le chéile.

Ach más iad Joe agus Liam na taoisigh, tá beirt thánaistí maithe taobh thiar díobh, mar atá Siobhán agus Gearóidín, agus níl caill ar bith ar na múinteoirí ach oiread. Ní miste dom a rá, cé nach n-admhóinn do Liam é, nach mbaineann dua dá laghad riamh le beith ag teagasc ar chúrsaí Oideas Gael. Bainim an oiread sásaimh astu le go ndéanfainn an obair saor in aisce… beagnach.

Nuair a d'iarr Seosamh Watson orm cúpla focal a scríobh in onóir na hócáide seo shíl mé go gcuirfinn cúpla véarsa le chéile faoin áit speisialta seo in iar-dheisceart an chontae agus faoin choláiste atá cuachta go teolaí in ascaill an Ghleanna, mar is dual d'áit fhíorGhaelach i lár na Gaeltachta Gaelaí, mar a déarfadh Myles na gCopaleen. Tá súil agam go mbainfidh sibh sult as Gleann Cholm Cille an Cheoil:

Gleann Cholm Cille an Cheoil

Fonn: Cill Chais

LE RAY MAC MÁNAIS

1.
Is iomaí áit álainn in Éirinn
A ndeachaigh mé ann le mo bheo:
Ó shráideanna Bhaile Átha Cliath
Siar go dtí sléibhte Mhaigh Eo.
Ach ó Chorcaigh na gcuanta go Málainn
Ní fhaca mé aon bhaile go fóill
Chomh suáilceach croíúil is álainn
Le Gleann Cholm Cille an Cheoil.

curfá:
Ó Chorcaigh na gcuanta go Málainn
Ní fhaca mé aon bhaile go fóill
Chomh suáilceach croíúil is álainn
Le Gleann Cholm Cille an Cheoil.

2.
Tá tearmann in ascaill an Ghleanna ann,
Nead suaimhnis ó bhuarthaí an tsaoil.
Tá ardléann is ardchultúr le fáil ann
I gColáiste geal Oideas Gael.
Is ann a thig eolaithe is saoithe,
Lucht foghlama is éigse gan ghó,
Maithe is móruaisle na cruinne
Agus Uachtarán Éireann, dar ndó'.

3.
Bíonn daoine ag tarraingt thar toinn ann
Don cheol agus scléip agus spórt
Don siúl ar na sléibhte go suaimhneach
Is don chraic agus spraoi de gach sórt;
Don damhsa agus canadh ar an sean-nós
Don chultúr atá Gaelach go fóill
Do theanga ar sinsear atá binn ann
Is don ól… is don ól… is don ól.

Sna Cnoic le hOideas Gael

Tony Birtill

Chuala mé faoi Oideas Gael den chéad uair i 1985 nuair a bhí mé ag freastal ar ranganna oíche Gaeilge do dhaoine fásta i Learpholl agus thug an múinteoir, Brian Stowell, bróisiúr an Choláiste dúinn. As Oileán Mhanann ó dhúchas é Brian, áit a bhfuil sé ar ais ina chónaí ó 1989 bliain a fuair sé post mar Oifigeach Manainnise ann. Ba mhúinteoir díograiseach é, agus thuig sé an frustachas a bhí orm ag foghlaim na Gaeilge, mar bhí sé deacair deis a fháil an stuif a d'fhoghlaim muid sa rang seachtainiúil a chleachtadh taobh amuigh den seomra ranga. Sin an fáth ar mhol sé Oideas Gael dúinn: 'Beidh sibh ábalta bhur gcuid Gaeilge a chleachtadh go nádúrtha sa Ghaeltacht,' a dúirt sé linn.

Rud éigin eile a mheall mé go Gleann Cholm Cille ná na cnoic sa cheantar. Is sléibhteoir mé agus thug mé féin agus mo dhearthair is sine,

'Ar Seachrán' Tony Birtill ag an chrosbhóthar.

'Ar an Ghealach' Tony Birtill agus Breandán Delap.

John, cuairt ar an pharóiste i 1973 le Sliabh an Liag a shiúl. D'fhán muid sa bhrú de chuid An Óige ar an Charraig agus bhí muid an-togtha leis an áit . Is minic a bhí muid i nGàidhealtachd na hAlban agus sa Bhreatain Bheag le chéile fosta agus thuig muid an ceangal idir an teanga dhúchasach agus an dinnseanchas. Mar sin, thuig mé go mbeinn ábalta mo dhá chaitheamh aimsire a chleachtadh le chéile in áit álainn agus cairdiúil.

D'fhreastail mé ar 'mini-choláiste' i mBéal Feirste i Mí an Aibreáin 1985 agus arís, mhol siad dom dul go dtí an Ghaeltacht. Chuir Máirtín Ó Muilleoir scairt ar Liam Ó Cuinneagáin le níos mó eolais a fháil dom agus dúirt Liam go mbeadh fáilte romham i nGleann Cholm Cille. Dé Sathairn 20ú Mí Iúil 1985, chláraigh mé sa Scoil Náisiúnta ar an Chaiseal agus thug Liam féin síob dom chuig mo lóistín i Málainn Bhig, áit ar fhan mé le Peigí bn Uí Bheirn agus a fear chéile, Brian (nach maireann).

Roinn mé seomra le Daltún Ó Ceallaigh, arbh as Béal Feirste ó dhúchas é ach a bhí ina chónaí i mBaile Átha Cliath. Thug sé féin agus Peigí an-chuidiú dom le mo chuid Gaeilge – is iad a bhí foighneach agus tuisceanach liom. 'Bhí an ceart ag Brian Stowell,' arsa mise liom féin.

Chuaigh cultúr na háite go mór i bhfeidhm orm fosta – rudaí mar Pheigí Uí Bheirn ag ceol sa chór Gaelach i dteach an phobail agus an ceol traidisiúnta a bhí le cluinstin tigh Bhidí. Bhí Bidí í féin beo ag an am sin, chomh maith leis an amhránaí Agnes Mhig Uidhir agus bhain mé an-sult as na hamhráin a bhí aici ar an sean-nós.

Sa dara seachtain a chaith me ar na cúrsaí ann bhí turas againn go Bun Glas Dé hAoine agus shiúil mé trasna Chosán an Aonfhir liom féin go Málainn Bhig, áit ar thug Peigí béile breá dom agus fuair mé síob ó Sheán Ó hEaráin go Gleann le haghaidh an Chéilí Mhóir le Ciotaí Neid. Dé Sathairn na seachtaine sin thug muid cuairt ar Fheis Chill Chartha agus bhí áthas orm nuair a chan muintir na háite 'Seán Ó Duibhir an Ghleanna' le chéile sa halla ag an chéilí. Is cuimhin liom daoine eile ar an cúrsa mar

Bhernadette Miroudot as an Fhrainc agus Eileen Moore Quinn as Stáit Aontaithe Mheiriceá agus shíl mé go raibh sé suimiuil go raibh siad ag foghlaim na Gaeilge in éineacht le hÉireannaigh eile ar chuir muid aithne orthu lena linn mar Eidí Ó hír, agus a bhean Máire, as Dún Dealgan.

Sin rud tábhachtach faoi Oideas Gael: chuir siad fáilte roimh chách. Ba chuma leo cé tú féin: má bhí suim agat sa Ghaeilge bhí fáilte romhat i nGleann. D'oscail siad an doras teanga do dhaoine ar fud an domhain ag am a raibh sé deacair do choimhthígh

leabhair agus cúrsaí sa teanga a aimsiú. Is de bhunadh Éireannach mé agus, cé gur chuala mé an teanga nuair a bhí mé ag fás anios i Learpholl, bhí sé deacair í a fhoghlaim abhus anseo. D'fhill mé ar Oideas Gael i mí Iúil 1988, ach b'i nGleann Fhinne a bhí mé an t-am seo. Is é rud a bhí mé ag iarraidh dul a shiúl sna Cruacha Gorma agus tá an coláiste ansin suite i lár na sléibhte. D'fhan mé le hiníon Annaí Mhór, Phyllis Uí Bhrógáin agus a fear Seán, nach maireann, agus bhí an-chraic againn leo sa seanteach a bhí acu an t-am sin – thiocfadh liom leabhar a

scriobh faoi!

Thug Liam Ó Cuinneagáin faoi deara go raibh dúil sa Ghaeilge agus sna sléibhte agam agus dúirt sé liom go raibh sé ag iarraidh cúrsa siúil sléibhe a éagrú i nGleann Cholm Cille. D'aontaigh mé leis gur plean maith a bhí ann. Fuair mé Grád A sa Ghaeilge i scrúdú an GCE Leibhéal-A an bhliain tar éis sin agus thug Liam cuireadh dom dul ar ais go Gleann Cholm Cille le cúrsa an tsiúil sléibhe a leagan amach don bhliain 1990. Agus 18 bliana ina dhiaidh sin, seo mé fós ag obair leo!

Breandán Delap(2ú c.), Tony Birtill (7ú c.) agus grúpa siúil lena dtiománai, Seosamh Ó hEochaidh.

Sa Ghleann Inné Is Inniu Dom

Séamas Ó Catháin

Tá Séamas Ó Catháin, iar-ollamh le Béaloideas Éireann, COBÁC, ag tacú le hiarrachtaí Oideas Gael cultúr agus saibhreas na hoidhreachta traidisiúnta a roinnt le freastalaithe na Scoile Samhraidh agus le bunadh an cheantair ó na blianta tosaigh. Is fada seimineár béaloidis á reáchtáil faoina stiúir.

'Cuir hata ar bhata agus gheobhaidh sé bean i nGleann' – sean-rá de chuid Theilinn ag caitheamh anuas ar bhunadh Ghleann Colm Cille, sean-rá a bhaineann leis an tsean-nós Gaelach, pobal amháin a bheith ag diriú ar bheag is fiú a dheanamh de phobal eile, go háirid ceann atá in aice láimhe agus mórán sa chomharsantacht chéanna. Tá mé ag déanamh gur fear de chuid Theilinn, Seán Ó hEochaidh, a chas in mo threo an ráiteas sin an chéad uair riamh le linn dó a bheith ag múinteoireacht in Ollscoil na Ríona sna 1960í, áit a raibh mé i mo mhac léinn san am faoin Ollamh Heinrich Wagner.

Ina dhiaidh sin, ní chun dul san iomaíocht i gcúrsaí den chineál a léirítear san tsean-rá sin a tharlaigh istigh i nGleann mé den chéad uair ach ba de thairbhe an Atlais mhóir fá chanúintí na Gaeilge a raibh Heinrich bocht ag dul dó agus a raibh baint ag Seán leis fosta ar a bhealach féin; chuidigh Seán le Heinrich agus é i mbun Gaeilge Theilinn a chur i dtoll a chéile agus ba é a chuir ar an eolas é fá chanúint Ghlinne gona cuid consan dúbalta – na geminata mar a déarfadh Heinrich – a d'fhág lorg comh sonrach sin ar Ghaeilge Ghleann Cholm Cille, go speisialta sna Cnoic.

Antráthach go leor oíche gheimhridh is ea casadh mise agus Anraí Mac Giolla Chomhghaill – Cúntóir Taighde a bhí ag Heinrich san am – agus comrádaí eile istigh i nGleann áit a bhfuair muid lóistín toigh Bhiddy Mhic Seáin ar an Chaiseal. Chaith muid cúpla lá ansin ag dul do cheistiúchán an Atlais le dearthráir do Bhiddy – Seán Ó hIghne agus bhuail muid le daoine eile sa cheantar, Liam Ó Cuinneagáin agus a bhean Bríd ina measc. Níor casadh an Liam sin orm riamh ina dhiaidh sin arís ach bhí sé d'ádh orm aithne ní b'fhearr a chur ar Bhríd agus ar an Liam eile, mac na beirte sin, ar ball.

Is minic ina dhiaidh sin agus mé ar mo cham-chuairt sna bólaí sin a bhí cluas na muice bradaí orm ag éisteacht le cainteoirí maithe Gaeilge na háite a raibh tréith sin na gconsan dúbailte seanbhunaithe ina gcuid cainte – leithéidí Hughie Mhín na Saileach (Aodh Mac Giolla Easpaig), mar shampla. Is maith is cuimhneach liom Hughie lá amháin ar an Chaiseal agus é ag cur stáid-bhean oirthearach, bean de chuid scoláirí Oideas Gael, in aithne dom go bróduil leis na focla seo – 'ón tSeappáin í seo, a Shéamais!' Ar bhealach rúndiamhrach ínteach, dar liom go ndearna geminatum sin

Hughie cuma choimthíoch agus andúchas na mná uaisle sin a dhaingniú agus a neartú as coim.

Sin agaibh i mbeagán focal cúis de na cúiseanna gur méanar don té a mbíonn Sean-Ghleann ina cheann scribe aige nó aici go mórmhór nuair a bhíonn cúrsaí Oideas Gael fá lán tseoil: castar na daoine ar a chéile ó cheín agus ó chóngar ann – Éireannaigh ó achan chearn den tír, eachtrannaigh ón Domhan Thoir agus an Domhan Thiar, agus, ar ndóiche, bunadh grámhar geanúil na háite.

Lá breá grianmhar agus mé i mo shuí taobh amuigh de cheann de thabhairní na háite, tharla mé ag cúléisteacht le comhrá bríomhar thriúr ban – Poncánach, Polannach agus pearsa eile ó áit ínteacht eile ar Mhór-Roinn na hEorpa. Ní raibh aon aithne agam orthusan nó acusan ormsa. Ní fhéadfainn gan a bheith ag éisteacht leofa ina dhiaidh sin mar bhí siad glórach go maith agus ard-ghiúmar orthu.

Bhí ard-spéis acu in imeachtaí na Coláiste agus ard-mholadh acu ar na ranganna ach bhí siad sáraithe amach ag léann agus foghlaim agus theastaigh scríste bheag uathu. Ba é bun agus barr an chomhrá a bhí acu lena chéile ina dhiaidh sin cé acu an mbeadh ar a gcumas éirí amach arís

tráthnóna nó nach mbeadh, le freastal ar léacht mhór na hoíche sin, an píosa cainte a raibh mise le tabhairt uaim, mar ar tharlaigh sé. Chaith siad seal ag cur agus cúiteamh fán ghéarchéim seo ach ar a dheireadh thiar d'fhág bean Mheiriceá béal marbh ag a beirt chomrádaí nuair a d'fhógair sí go

sollúnta nach raibh an darna suí sa bhuailí acu ann ach a dhul siar arís ar ball chun na Coláiste mar gur dhúirt Liam gur sár-chainteoir a bhí in léachtóir na hoíche sin agus go mbeadh aiféal go deo orthu mura gcluinfeadh siad a raibh le rá aige!

Dheamhan a bhfuil a fhios agam an bhfuair an triúr sin luach a gcuid airgid an oíche sin nó nach bhfuair ach bhí siad ann ar scor ar bith. Agus nach iad a bhí faoi dhubh-iontas nuair a leag siad súil ar an spalpaire a bhí ina sheasamh rompu amach!

Traoslaím an ceathrú céad le hOideas Gael agus an dream a bhunaigh agus a choinnigh sa tsiúl é. Go mba fada buan iad agus go dté obair na Coláiste ó neart go neart amach anseo faoi stiúir Liam Óig!

Séamas Ó Catháin i mbun an tseimineáir béaloidis 1990.

Cuideachta na nOllúna Séamas Ó Catháin (ar d.) le Seosamh Watson.

Máire Rua, cuaichín deiridh na gCruach

(Máire Rua bean Uí Mhaí)

Tháinig tú orm aniar-aduaidh i ndiaidh Nollag
– guth an tseanchaí go huaigneach ar fón,
mar a bheadh scairt ann ón saol úd eile.
'Ca huair a bheas tú ' teacht?' a d'fhiafraigh tú,
na scéalta deiridh cruinn agat le roinnt.
'I ndiaidh na Blian' Úire', mo fhreagra bacach,
agus mhol tú orm deifir…
Ach níor fhan tú le m'éisteacht
leis an deifir anonn a bhí ort féin chuig Síle dhílis
is do Phádraig álainn.

An scéalaíocht a bhí in aice le do chroí,
chomh láidir ina lá le habhainn an Ríleáin
ag rith ina neart trí phobal Fhinne –
tá sí ina tost anois, ach ab é na focail ar pár
agus glór úd an tseanchaí ar téip,
chomh huaigneach agus is féidir a bheith.

SW - 3.05.09

Máire Rua (Nic an Luain), bean Uí Mhaí, nach maireann scéalaí agus amhránaí iomráiteach ó Ghleann Fhinne.

I mbun ceoil: Annie 'Mhór', bean Uí Dhochartaigh nach maireann, príomhthaca Oideas Gael agus ceannródaí chúrsaí Ghleann Fhinne.

Annaí an Mórlaoch

(Áine bn Uí Dhochartaigh, an Coimín)

B'í Annaí Mhór ár laoch,
ós aici an t-anam a bhí mór:
bhí Gleann Fhinne go léir faoina svae,
í 'na fíodóir i mbun sheol an ghleanna
a cheanglaíodh le chéile snáithí beo ár ndúchais.

B'iomaí éan bocht scoite ar a dtug tú tarrtháil ann,
mar bhuíon na ngasóg coimhíoch ar seachrán sléibhe
a fuair dídean mar chách i gcoim do sciobóil fhairsing.
Má chaith tú d'óige ag giollacht i bplódsiopaí ardchathrach
nó le do Thomás muirneach i mBeannchar,
ag múnlú brionglóidí as taosra na nGall,
níor mhaolú an méid sin ar ghéire do léirstin:
ba mhór agat aon Éireannach a thuill a ainm.

Bhí do theach mar lóchrann os coinne Gháigín
ar ar soiléir bearna úrdhéanta a d'fhág d'imeacht uainn.
Ach beimid ar ár ndícheall á líonadh,
gach duine is a charn cloch cuimhní féin ort.

SW - 21.03.09

CUID III

An Ghaeltacht mar Chnámh Droma

Carn ar a gCloch

Ní beag an chomaoin atá curtha ag muintir na Gaeltachta ar Éireannaigh agus ar shaibhreas cultúrtha domhanda trí chéile! Dream daoine a chaomhnaigh an oidhreacht bheo is sine, luachmhaire dá bhfuil againn in Éirinn anuas go dtínár linn féin agus pobal atá i ndiaidh an maoinchiste céanna a roinnt chomh fial, cineálta sin leis an chuid eile againn a bhí fágtha dall air. Cé gur limistéar beag scaite atá i nGaeltacht iardheisceart Cho Dhún na nGall is ann a mhair cuid den stór béaloidis is saibhre sa tír, mar aon le traidisiún amhrán-aíochta agus ceoil uirlise den scoth agus, a bhuíochas ar iarrachtaí an Athar Séamus Mac Daidhir, tuiscint ar leith do luach na hoidhreachta cultúrtha agus an dúlra i gcoitinne. D'fhág na hiarrachtaí céanna nár bheag an bá ag an phobal céanna le tionscadail a cuireadh ar bun ina measc ar mhaithe le forbairt áitiúil. Ar an ábhar sin, nuair a tháinig Oideas Gael ar an fhód sa cheantar agus é mar aidhm aige na hacmhainní a chothú san áit a bhí riachtanach le hoidhreacht shaibhir na Ghaeilge a chur chun cinn ba mhór an buíochas a

thuill bunadh Ghlinne – agus ina dhiaidh sin muintir Ghleann Fhinne – ón eagraíocht de thairbhe an chuidithe gan teorainn a chuir siad ar fáil. Tá buíon daoine i gceist, mórán acu nach maireann, a thugadh cabhair gan staonadh, bliain i ndiaidh bliana. Go deimhin, bhí siad chomh dílis sin do Oideas Gael nach mó ná go rabhas ag breathnú orthu mar bhaill onóracha ann agus is cuí linn, mar sin, trácht beag a dhéanamh orthu anseo.

Níl aon amhras ach go bhfuil tús áite le tabhairt do lánúin .i. Willie Ó Cuinneagáin agus a bhean chéile choir, Bríd, beirt a bhí páirteach i ngnóthaí na heagraíochta ó thosach. Iriseoir agus grianghrafadóir áitiúil a bhí i Willie a raibh tuiscint faoi leith aige ar mhuintir agus ar chúrsaí an cheantair agus d'fhoilsigh sé mórán alt thar na blianta faoi shaol agus imeachtaí an chondae i Scéala Éireann [The Irish Press] agus in áiteanna eile. Rugadh é i Mín an Draighin, baile fearainn áitiúil, agus bhí bród an-mhór aige as Gleann Cholm Cille, rud a d'fhág gur fear taca dílis, éifeachtach de chuid an Athar Mhic Dhaidhir a bhí ann agus é seo ag déanamh forbartha ar an Chlachán Gaelach iomráiteach i nGleann – gan fiú nár thug Willie a bhailiúchán luachmhar grianghraf ar iasacht dó lena linn. Bhí Willie thar a

Bidí Uí Chuinneagáin le Máire agus John Ó Cuinneagáin.

Cal agus Proinsias Ó Cuinneagáin.

Jimí Mac Giolla Chearra le Denise agus Brian Ferran.

Seisiún seanchais le Fransaí Mac Fhionnghaile, 'Hughie Mhín na Saileach' agus Seosamh Watson.

bheith cabhrach go háirithe leis an réamhobair a bhain le cúrsaí agus lóistíní a phleanáil agus le caidreamh poiblí áitiúil sna blianta tábhachtacha go dtí go raibh Oideas Gael ullamh le tús a chur lena chuid cúrsaí. Is róthrua linn, mar sin, nár mhair sé le torthaí a chuid oibre fónta a bhlaiseadh. Níorbh é sin dá bhean chéile uasal, Bríd ('Bidí J.' Nic Fhionnghaile), a mhair go dtí go raibh sí os cionn 95 bliain d'aois agus a bhain taitneamh ar leith as an ualach oibre a d'iompair sí go lúcháireach agus í ag cuidiú leis na stiúrthóirí ina teach féin a bhí mar a bheadh príomhionad an eagrais sular tógadh Foras Cultúir Uladh. Rugadh Bidí i 1912, 'bliain an Titanic' mar a mhaíodh sí féin, agus b'as baile fearainn áitiúil eile in aice láimhe í, mar atá an tSaobh, áit a bhfuil cáil na Gaeilge air fós. Bhí sí féin thar a bheith bródúil as an teanga Ghaeilge a fuair sí ó dhúchas agus cuimhne aici a bhí maith thar an choitiantacht, ar ar áiríodh stór mór de shean-nathán chainte agus de sheanchais. Bhaineadh sí an-sult go deo as na ránna agus na ranna magúla (a bhfuil cuid acu foilsithe in áit eile sa leabhar seo) a aithris a chum fear siúil Ciarraíoch, Mícheál Ó Corradáin sa 19ú haois, inar fhág sé leasainmneacha ar bhailte fearainn an ghleanna, agus é á thaisteal le linn dó a bheith ar a

sheachnadh mar Fhinnín, más fíor. Le cois an chúnaimh phraiticiúil agus na comhairle a chuir Bríd ar fáil thar an iliomad bliain ghlacadh sí féin páirt i seisiún seanchais a eagraíodh ó am go chéile le linn na tréimhse sin agus tá sé d'ádh orainn cuid acu seo a bheith ar an taifead go fóill. Duine eile a bhí páirteach sna seisiúin chéanna agus a chuidigh leis an eagraíocht go leanúnach ó na blianta tosaigh ab ea deartháir Bhidí, Proinsias Mac Fhionnghaile ('Fransaí Mór na Saobh). Ach gurb é an tacaíocht a thugadh sé féin, a bhean Eibhlín, agus a dteaghlach uile go díograiseach thar na blianta ba doiligh a shamhlú go ndéanfaí an dul chun cinn atá déanta ag Oideas Gael.

Baicle ar leith daoine a bhí i lucht seanchais 'an tSean-Ghleanna' agus, le cois páirt a ghlacadh sna seisiúin oifigiula seanchais faoin seansaol a d'eagraítí le tuiscint a thabhairt do lucht na gcúrsaí ar oidhreacht Ghlinne agus sna seisiúin neamhoifigiúla a tharlaíodh beagnach gach oíche sna tithe tábhairne ar an Chaiseal, thagadh corrdhuine de lucht na seanchaithe sin isteach ina aoichainteoir chuig ranganna Oideas Gael. Ar na daoine seo tá moladh ar leith tuillte ag Aodh Ó Baoill, 'Hughie Mhín na Saileach' a fuair a leasainm ón bhaile fearainn arbh as dó. B'áit é seo a raibh traidisiún seanchais thar a bheith saibhir aige – b'ann, cuir i gcás, a bailíodh ón bhéalaithris bheo an laoi Fhiannaíochta dheireanach a taifeadadh in Éirinn – agus roinneadh Aodh cuid den eolas seo agus a chuid cuimhní cinn ar bhunadh na gcúrsaí. Cainteoir soiléir, staidéartha a bhí ann agus thaitníodh a chuid seisiún go mór leis na ranganna, mar ba leir ar an bhualadh bos a d'fhaigheadh sé uathu i gcónaí.

Ó thosaigh an chéad chúrsa i 1984 ba é an nós a bhí ann riamh go ndéantaí turas thart ar chuid de shuímh agus de leaca seanda an ghleanna – agus páirt de Thuras Cholm Cille san áireamh. Buíon ar leith eile a bhí sna daoine a bhí mar threoraithe againn ar an turas seo, a dhéantaí de ghnáth ar an chéad Domhnach den Scoil Shamraidh gach bliain, agus tá Oideas Gael faoi chomaoin an-mhór ag an chéad duine a d'fhreastail orainn sa phost seo, mar atá, Seán Ó hIghne. Duine de na 'sean-Ghaeil', mar a déarfá, a bhí i Seán, nár lig do thitim ná tubaiste ar bith smál a chur ar an fhís a bhí aige den Éire athnuaite Ghaelach a thiocfadh ar an fhód lá éigin ní b'fhaide anonn agus ba mhór an t-ábhar misnigh a thug sé, dá réir sin,

do Ghaeil Ghlinne. Ba é Seán a leag síos patrún ár dturais mar atá anois, a bheag nó a mhór, ag míniú thábhacht na suíomh stairiúil agus réamh-stairiúil agus ag déanamh tráchtaireachta ar fhoirgnimh agus ionaid a bhí ceangailte le saol ní ba chóngaraí dár linn féin. Ba thrua arís nár mhair sé féin leis an ócáid seo a chomóradh linn. Ach fuair Seán oighre fiúntach sa treoraí a rinne cúram den turas ar feadh na mblianta ina dhiaidh agus, dála a réamhtheachtaire, a thug cabhair eile dúinn san iliomad slí .i. Jimí Mac Giolla Cearra, a bhfuil a neacht, Gearóidín Ní Ghonghail ar fhoireann bhuan Oideas Gael. Is duine é Séamas ar mór leis an saol cráifeach agus arb eolaí é ar naoimh Dhún na nGall: is iomaí clár atá déanta aige ar na meáin faoi Phurgadóir Naomh Pádraig agus Turas Cholm Cille; agus i ndiaidh do Jimí dul i mbun ár dturais bhliantuil níl aon amhras ná gur leagadh béim ar leith ar Thuras Cholm Cille mar chuid d'oidhreacht an

ghleanna agus go bhfuair gach duine a rinne sé a chomóradh an Domhnach áirithe sin léargas nua ar an saol traidisiúnta. Ba é Séamas fosta a d'fheimíodh mar threoraí dúinn agus

tseansaoil a fuair cách uaidh i nGaeilge ghlan shaibhir Ghlinne. Is sinne atá ríbhuíoch dó as a chuidiú sna cúrsaí seo agus i ngach uile dhóigh: go mba fada buan ag teacht chugainn é! Is iad na daoine sin, a dteaghlaigh agus a gcairde líonmhara agus, go háirithe, mná tí Ghlinne a chaith chomh flaithiúil, fial sin le lucht na gcúrsaí a chuidigh linn Oideas Gael a thógáil go dtí an buacphointe atá sroichte aige san am seo. Tá buíochas fhoireann agus stiúrthóirí na heagraíochta tuillte ó chroí ag an uile dhuine acu a chuidigh linn le cúig bliana is fiche anall.

Le cois an ionaid i nGleann Cholm Cille, ar ndóigh, tá cúrsaí ar bun ag Oideas Gael i bparóiste Ghleann Fhinne níos faide ó thuaidh ar imeall na gCruach Gorm. Fiú sna blianta tosaigh, sular osclaíodh an dara hionad ansiúd, bhíodh pobal na háite sin ag cur tacaíocht dhochreidte ar fáil dúinn. Mar chuid d'imeachtaí sheachtain na Scoile Samhraidh ba e an nós riamh coirm cheoil aon oíche a reáchtáil agus ba iad bunadh Ghleann

sinn ar cuairt ag Clachán Gaelach an Athar Mhic Dhaidhir. Níor bheag an t-oideachas ná an tógáil croí é an léirmhíniú ar thithe agus uirlisí an

Fhinne a chuir an choirm cheoil ar fáil dúinn bliain de na blianta tosaigh, agus iad i ndiaidh teacht chugainn aníos bealach corrach Ghleann Geis ar dianturas mall tráthnóna, agus roinnt acu anonn go maith i mblianta, le bheith inár gcuideachta. Ar an chomhluadar a tháinig an oíche sin bhí ceoltóirí, amhránaithe, scéalaithe agus eile, daoine ar a raibh cuid againn eolach cheana agus ar a gcuirfeadh mórán eile de mhuintir Oideas Gael eolas sna blianta a bhí le teacht. Go deimhin, ní áibhéil é a rá go bhfuil a lucht leanúna dílis féin i measc lucht freastail na gcúrsaí ag clár Ghleann Fhinne.

Ar na daoine a thug cabhair agus tacaíocht dúinn agus muid i bhfáthach le cúrsaí a bhunú san áit sin is ceart moladh ar leith a thabhairt do bhean fhíorchríonna, sháréifeachtach amháin, Áine bn Uí Dhochartaigh. Cinnire áitiúil a bhí in Áine a bhí i ndiaidh cabhrú le coláistí samhraidh a bhí ar bun go háitiúil san áit roimhe sin agus a raibh taithí luachmhar aici ar chúrsaí riaracháin agus pleanála de bharr an phoist a bhí aici mar rúnaí ar an chumann áitiúil de chuid Fhianna Fáil. Bhí an teach s'aici féin ar an Choimín mar a bheadh lárionad stiúrtha ann ó na blianta tosaigh agus ba í Áine féin a réitigh an oiread sin

Cúrsa i nGleann Fhinne i 1990.

Dream ar cuairt ag An Clachán 1985.

Máire Uí Chuinneagáin, Máirín Uí Neachtain, Garrett Keogh agus Joe Steve Ó Neachtain.

bealaí dúinn i nGleann Fhinne: lóistíní, láthair imeachtaí, aoichainteoirí, ceoltóirí agus riarachán. Ní bréag ar bith a rá gur ar éigean a chuirfí clár cúrsaí ar bith ar bun i nGleann Fhinne dá huireasa. Gael go smior a bhí in Áine, bhí dúil mhór aici sa seanchas, agus a stór seanchais aici féin, agus b'iomaí oíche chaidrimh agus ócáid eile a d'eagraigh sí ar an Choimín ar mhaithe le bunadh Oideas Gael. Bhí sí i gcónaí i bhfáthach le seancheirdeanna agus sean-nósanna a chaomhnú agus tharla ceann de na himeachtaí deireanacha is cuimhin liom a d'eagraigh sí as a stuaim féin nuair a d'iarr sí ar bhean agus ar fhear dá cuid comharsan ar mhór aici a gcuid scileanna traidisiúnta teacht a chur taispeántais ar fáil dúinn – ag déanamh im baile agus ag fí cléibh as gadracha faoi seach. Chomh fada agus a mhair sí bhíodh sí féin agus a fear Tomás ag tabhairt gach cúnamh dúinn agus is mór an t-ábhar bróid dúinn go bhfuil páirt cheannais ag a mac, Mícheál, i gcúrsaí Oideas Gael Ghleann Fhinne sa lá atá inniu ann.

Tá focal mór buíochas tuillte ag mná tí an pharóiste sin agus ag a dteaghlaigh ar son na tacaíochta breá a thug siad dúinn ó thosach agus a gcineáltais d'fhoireann agus do pháirtithe ár gcúrsaí, agus focal ar leith

do dhaoine a ghlac áit lárnach sna gnóthaí seo .i. Máire bn Uí Cheallaigh, ardmháistreás dheireanach Scoil Náisiúnta na gCruach a ghlac de chúram uirthi féin oiliúint a chur ar chách i stair agus in oidhreacht na háite trí léachtaí, ranganna agus turais a dhéanamh linn. Eolaí eile ar sheanstair agus traidisiún na háite a thug cuidiú ar leith dúinn ab ea Pádraig Mag Fhloinn ón Bhrocaigh. File a bhí i bPádraig, údar 'Gleann Fhinne, mo ghleann', a dhéanadh seirbhís ar leith dúinn i gcónaí mar fhear an tí agus ar chuir a phearsa ghnaíúil, ghealgháireach chomh mór sin le céilithe agus oícheanta áirneáin sa cheantar. Bhí sé d'ádh orainn fosta i nGleann Fhinne gurbh ann do bhean amháin sa cheantar nach raibh a sárú le fáil in áit ar bith mar scéalaí ná mar amhránaí .i. Máire Rua (bn Uí Mhaí) Nic an Luain nach maireann. Ócáid dho-dhearmadta a bhí ann a bheith ag éisteacht léi seo ag insint seanscéal dá cuid nó – nuair a bhí sí beagán ní b'óige – ag ceol 'Iolar Mór na Spaige', 'Bó Pharthaláin Rua', 'Art Ó Ceallaigh', nó ceann ar bith eile dá stór amhrán. Dála teaghlach gach duine eile a chuidigh linn ar cheachtar den dá láthair Gaeltachta ní beag an buíochas atá tuillte ag teaghlach Mháire Rua de thairbhe na cabhrach a thug siad uilig

dúinn, go háirithe an iníon is óige aici, Síle,a chuaigh ar shlí na fírinne roimh a máthair, grasta orthu beirt! Is mór an chúis áthais, cibé sin de, go bhfuil iníon eile di, Bríd (Bridie Mháire Rua) ar an láthair i nGleann Fhinne, agus í ag coinneáil stór amhrán Mháire i mbéal an phobail i gcónaí.

Aithneofar ar an chuntas a tugadh thuas cé chomh mór agus a bhí Oideas Gael mar thionscnamh ag brath ar phobal na Gaeltachta ó thosach agus, dá bhrí sin, chomh dílis agus a bhí sé mar eagraíocht do dhá phríomhaidhm de na cuspóirí a bhí aige .i. cumas agus acmhainní an phobail áitiúil Ghaeltachta a chothú agus iad sin agus oidhreacht na Gaeilge agus an chultúir thraidisiúnta a chur ag fónamh don dream a thagadh ar na cúrsaí ar thóir an chultuir Ghaelaigh. Gan an chabhair agus an tacaíocht ó chroí a thug muintir na háite dúinn i nGleann Cholm Cille agus i nGleann Fhinne, gan an saineolas agus an chinnireacht a bhí ann go háitiúil, ar éigean a bheadh Oideas Gael ann, nó dá mbeadh sé ann ní bheadh ann ach scáil mhílítheach de le taobh na heagraíochta fuinniúla, ilghnéithí Gaeltachta a bhfuil sé de bhród orainn a bheith ag déanamh comórtha uirthi i mbliana.

Bailte Fearainn an Ghleanna

Ceann de na réimsí saibhris cultúrtha atá ag imeacht uainn ná an t-eolas a bhí ag ár muintir ar logainmneacha a gceantar dúchais. Nuair a chuir iriseoir ón Irish Times ceist ar an scríbhneoir clúiteach ón Ghleann, Patrick Mc Ginley , cárbh as dó, ba é a fhreagra ná dá gcuirfí an cheist sin ar a mhuintir, déarfadh siad ainm na carraige a raibh siad ina suí uirthi. Ní hamhlaidh atá sé níos mó agus is dócha, sa lá atá inniu ann, go mbeadh deacracht ag an aos óg na bailte fearainn taobh leo a ainmniú.

Bhí bunús ar leith le hainmneacha na mbailte fearainn agus leis an dóigh a bhfuair siad a n-ainmneacha ach bhí níos mó na sin fiú! Tháinig fear thart ar na ceantair Ghaeltachta anseo, i dtús an 19ú céad, thug cuairt ar na bailte fearainn agus thug a leasainm féin orthu. Chum Micheál 'Cordáin' roinnt rann fosta faoi bhailte Ghleann Cholm Cille agus, leis an fhírinne a rá, ní fios an raibh sé ag iarraidh a bheith maslach nó magúil ach choinnigh na daoine cuimhne ar na hainmneacha úd ar aon chuma. Ba é an tuairim a bhí ag cuid de mhuintir na háite gur de shliocht thuaisceart Chiarraí 'Ó Corradáin' an file.

Seo cuid de na hainmneacha – agus cuimhnigí nach mise a chum!

Bachta na troda
Baile Ard na gaoithe
Bánghort goirt
Bíofán ard
Brághaid na spíodóirí
Caiseal, an C.: dearnaidí an Chaisil
Cill Anaid: peacaigh Chill Anaid
Cionn na Coilleadh: bláthach Chionn na Coilleadh
Clochán na ngadaí
Cruintí Cró an anró
Coirrín na bláthaí
Droim an óir
Dumhach, an D.: blagards na Dumhcha
Dún Alt: gliomaigh Dhún Alt
Garbhros gránna
Gleann Locha na lachan
Gort an Luain na bpaidreacha beaga
Leargán Breac na mbreac
Lochthoire thuirc na dtorc
Málainn Mhóir ladies
Málainn Bhig gents
Mín an Chearrbhaigh na gcearrbhaithe
Mín na Saileach na gcoileach
Ruaidh Aird na bhfíodóirí
Saobh na leiftean

Is é an seanchaí clúiteach as Dún Alt, Seán Mac Niallais, a thug an t-eolas sin don oide scoile Máire Nic Confhaola mar chuid de bhailiúchán na bunscoile a thionscnaigh Coimisiún Béaloideasa Éireann sna tríochaidí (Cnuasach Bhéaloideas Éireann Ls S1047: 242-43). Rinne an ceoltóir Seán Ó Néill bailiúchán iomlán de logainmneacha an pharóiste (suas le 2,200 acu) a bhfuil fáil orthu i dtráchtas neamhfhoilsithe (1973), Roinn na Ceiltise, Ollscoil na Banríona, Béal Feirste.

Seanchaint Bhidí J.

Brid Bn Uí Chuinneagáin ['Bhidí J].

Na trí shín: gaoth mhór, tairneach agus fearthain.

An triomán atá ann inniu thriomóchadh sé an phleis. (Turadh i ndiaidh tuile)

Aer dhearg thoir: fearthainn agus cur, aer dhearg thiar: teas agus grian.

Níl sé ach ag cruachan na huaire. (: Cith meala)

Is tú an deimheas. (/Tá deimheas ar do theangaidh.)

Murchadh beag is Murchadh mór - a dhá dtóin leis an tinidh.

Lig Murchadh Mór breim agus shéid sé Murchadh Beag isteach sa tinidh. (Falsóirí)

Go sábhálaí Dia ar an urchóid thú! (Beannacht)

Go gcuirí Dia an drochuair tharat! (Beannacht)

Is gairid eadar inniu is inné,
  is gairid a bhíos an t-athrú ag teacht:
' fhear udaí shíneas a mhéar,
  cuir féin na géacha isteach! (Mór idir na haimsiribh)

Raithneach agus fraoch, aitinneach agus droighean
go bhfásaí amach as tóin Sailí John! (Mallacht)

Ní chuirfeá amach as garraí an cháil í. (Bean atá thar mholadh beirte)

Seanfhocla

Fhad is rachas an madadh rua gaibhfear sa deireadh é.

Itheann muca míne féin triosc.

Is fada ón chreich an ceirín. (Faoi leigheas atá doiligh a bhaint amach)

Marbhadh an duine eadar dhá fhocal. (Bás gan choinne)

'S í an fhírinne is faide a rachas. Is doiligh don roithleach an dá thráigh a fhreastal.

Duine óg diaganta ábhar seandiabhail.

Is beag an rud nach buaine ná an duine.

'S é do chomhairle féin is lú a chuirfeas fearg ort.

Gheibh iarraidh iarraidh eile

Tomhasanna

Ceathrar, cúigear, seisear man
  ag seisiún i nDún na nGall,
gan béal ná súil in éinne acu
  is iad uilig go léir ag caint.
(Fidil.)

Cad é an fáth nach múnann cearc? Tiocair nach ndiúlann sí.

Comh cruinn le do cheann,
Comh geal leis an im,
's é bia gach uile dhuine é
ach ní itheann duine ar bith é.
  (Bainne as cíoch mná.)

Do Bhidí J – Marbhna Deireadh Ré

Siud ort, a Bhidí J., mo ghrá,
    ba tú ár nGaeltacht!

In aois neamothálach
    rinne tú an t-eolas dúinn.

Seo muid do do leanstan
    ar choiscéim Uí Chorradáin
    go 'Gort an Luain
    is a phaidreacha beaga'.

Mar lucht iarrtha cleamhnais
    ar oíche roimh Inid
    caithimid bearáid dóchais
    le doras amhrasach
        sa ré éiginnte seo.

Cronaímid do dhiongbháilteacht uilig:
daingean mar Chionn Ghlinne in éadan doininne,
    is do ghrinneas,
    geal mar dheoir ghléineach den fharraige
    – an lionsa trína n-aithnítí
    croí gach cruachás
        go neamhiomrallach.

Tchím inniu
    os cionn 'Ruaidh Aird na gaoithe'
    ardeitilt d'anam
    is Willie cóir s'agat ina leathiolar eile.
Sin agat sa deireadh do Ghaeltacht sheanbhearnaithe
    slán arís;
is muidinne i do dhiaidh, leathchaoch,
    ag mothú an bhealaigh romhainn
        ó 'Chaiseal na mbréag'.

S.W. - 2.03.08

Séamus Ó Beirn

Ceann de rudaí is mó a thug pléisiúr do chuairteoirí ó thosaigh Oideas Gael – mar a thug do bhunadh na háite leis na blianta roimhe sin – ná bheith ag éisteacht le James Byrne ag seinm i gceann de na tithe ósta nó i gceolchoirmeacha áitiúla. Mheall James na mílte chuig gleanna Dhún na nGall thar na mblianta leis an stór dochreidte fonn a bhí aige. Ba óna athair agus ó fhidléirí eile Mhín na Croise a fuair sé iad agus shín siad siar na céadta bliain. Guím sólás dá bhaintreach choir, Connie, agus na páistí: go ndéana Dia trócaire ar anam uasal Shéamais!

Séamus Ó Beirn i mbun ceoil.

Connie agus Séamus Ó Beirn lena gclann.

Seal den Samhradh i nGleann Fhinne

LE SEOSAMH MAC MUIRÍ

Bíonn a dhraíocht féin ag achan áit, an draíocht úd nach furasta a ríomh ná a mhíniú don duine eile. Bhéarfaimid cur síos ar thaobh tíre le háit a mhíniú do dhuine eile in amanna, agus bíonn sin i gceist nuair a dhéanfaimid iarracht Gleann Fhinne a mhíniú do dhuine. Bíonn i bhfad Éireann níos mó ná an tírdhreach i gceist, go deimhin, agus sinn ag trácht ar an Ghaeltacht, ach níl sé rófhurasta cuntas a thabhairt ar na gnéithe eile sin a bhíos san áireamh le saíocht na muintire i gceantar ar bith.

Thug mé féin aghaidh síos Gleann Fhinne trí Ard an Rátha breis is deich mbliana ó shin. Chas mé isteach leathmhall ar Bhealach na gCreach agus ní raibh mé cinnte ná contráilte, ach ní raibh an t-am agam an tráthnóna sin le bheith ag gabháil amú. Bheadh Liam ag lorg an dara carr le cuid de mhuintir Oideas Gael a thabhairt anoir as Óstán Jackson. Stad mé le taobh panc caorach ar Bhealach na gCreach agus d'fhiafraigh mé d'fhear a bhí ag bearradh is ag bualadh dual droinne ar a thréad ann

Paidí Mag Fhloinn, file agus staraí Ghleann Fhinne le Seán Ó Fiannaí as Glaschu.

Cliabh á dhéanamh.

an raibh mé ar bhealach an Choimín. Bhí agus d'aithin mé ar ball coda den bhealach a raibh mé ag tiomáint thart blianta roimhe sin. Bealach na gCruach a bhfuil an chaora fhiosrach sin siocaithe ar chlúdach leabhair Áine Ní Dhioraí, is furasta a aithint. Bhí íomhá gearrtha roimh ré ar m'intinn, ar ndóigh, ag guth Phádraig Eoghain Phádraig (Mhic an Luain) as an téip a d'eisigh Comhairle Béaloideasa Éireann blianta roimhe sin. Thug mé an-suntas do neart na cainte a bhí le clos faoin áit le linn mo shealanna samhraidh ar an Choimín ó shin. Chuir mé sonrú ar leith i gcaint na bhfeirmeoirí a bhí le clos faoin

Bhrocaigh lá marglainne nó faoin pháirc imeartha lá féachana na madadh caorach.

Paddy Hughie Jimmy Mag Fhloinn

Tráthnóna Domhnaigh samhradh na bliana 2000 bhí ceol, scéalaíocht is damhsa thuas sa seanhalla ar chúl Scoil an Choimín. Bhí roinnt ina suí thart faoin doras, cúbtha isteach ag na míoltóga, is dóigh. Thosaigh Paddy Mag Fhloinn ag aithris, mar dhán, an t-amhrán Ceol Loch Aoidh. Tugadh cluas mhaith agus bualadh bos dó. Chuaigh sé i gcion go mór orm. Thig liom a áireamh ar cheann de na hamanna is speisialta sin nach dtig ach go hannamh. Leis an rogha focal agus íomhánna a rinne Sinéad Nic Cumhaill nuair a chum sí an t-amhrán, leis an ghuth tholl thomhasta a reic Paddy é agus leis an amharc a bhí agam amach ar an doras foscailte lena thaobh, trasna taobh Leitir Choilleadh go Cruach na Muc faoi chrónachan, scamhadh siar den aigne meath na teanga, buarthaí an tsaoil d'achan chineál agus tuigeadh dom go raibh an dá ghné draíochta os comhair mo dhá shúil ar an ala sin: saibhreas na saíochta ina neart agus an áille tíre ar a chúl.

Seanfhocal a chualaidh mé is a chreidfeas mé i gcónaí
gach aon ariamh mar a oiltear é is an fhuiseog ins a' mhónadh,
cibé tír a rachaidh mé ann nó a mbeidh mé in mo chónaí,
beidh mo chroí ag bruach Loch Aoidh i lár na sléibhte móra …..

Is iomaí lá breá fada ansin a chaith mé ar beagán buartha,
's is iomaí lá breá fada ansin a chaith mé ag déanamh uabhair,
ag seoladh na mbó mbreac amach thríd ghleanntán deas na luachra,
i ndiaidh a bheith sa loch ó theas na gréine ag iarraidh fuaraidh …..

Mhol mé go hard na spéire é agus ghlac mé buíochas leis. Cheistigh mé é faoina mhuintir agus faoin saibhreas a dtáinig sé féin air ina measc. Thosaigh sé ag ríomh dom le linn an chomhrá sin a raibh de chlainn Mhig Fhloinn thart

orainn ar chaon taobh. Shín mé amach mo lámh, tharraing duilleog páipéir a bhí caite ar an chathaoir gar dom agus thosaigh ag breacadh liom i ngearrscríobh Gaeilge. Thug sé an cuntas thíos gan bhraiteoireacht dá laghad. Mo scríobh féin a bhí ag coinneáil moille air. D'iarr mé air cuid de na dreamanna a chinntiú dom arís, agus bíodh nach raibh ann ach mar a léifeadh an púca é, bhí mé an-sásta lena raibh breactha agus ceaptha againn feasta. Meán Fómhair na bliana sin, nuair a bhí deis agam a dhéanamh, leag mé isteach ar an ríomhaire é agus sheol mé cóip dár aithris sé dúinn ag doras an halla, ar ais chuige féin ar an Bhrocaigh. (Sheol mé cóip den amhrán 'Droichead an Ríleáin' in éineacht leis.)

Clann Mhig Fhloinn Ghleann Fhinne

………….

ó chuntas Phádraig Mhig Fhloinn,
.i. Paddy Hughie Jimmy

………….

1. Charlie Jim Charles an toigh tábhairne
2. Paddy Hughie Jimmy; foinse an tseanchais seo.
3. Paddy Bartly Dan
4. Paddy Charlie Phaddy Anna
5. Jimmie Dhomhnaill Bhairtle
6. Willie Phaddy Hughie
7. Bunadh Neddie Hughie i Leitir Bric
8. Bunadh Pheadair Ruaidh i Leitir Bric
9. Doiminic Dhoiminic Bhig
10. Clann John Dhomhnaill, an saor adhmaid
11. Bunadh Hughie Tharlaigh Óig
12. Bunadh Sheáin an Bhuntoí
13. Bunadh Mhuiris an Chnoic
14. Clann Mhig Fhloinn an tSrutháin Mhóir
15. Na Bettys : Clann Charlie Bhetty

16. Bunadh Hughín an tsiopa i Mín Ghiolla Charráin
    (nó, Ghiolla Chiaráin)
17. Bunadh Willie Bhríd Bhaile Uí Chiaragáin
18. Bunadh Eddie Mhícheáil
19. Paddy Chiot Déanaigh

....

Tá an dá bhunadh, uimh. 3 agus 4, muinteartha.
Tá an dá bhunadh, uimh. 5 agus 14, muinteartha.

....

Chuaigh sinn go léir siar go dtí Béal an Átha Móir oíche amháin an bhliain dár gcionn. Bhí Seán Ó hEaráin agus roinnt ceoltóirí sa chomhluadar, dhá rud a chiallaigh damhsa! Bhí Seán ag iarraidh fanacht leis an damhsa agus thit sé ar mo chrannsa Paddy a thiomaint chun an bhaile, rud a rinne mé le fonn, ar ndóigh. Luaigh sé an páipéar a tháinig ar ais chuige as Luimneach, an méid a d'aithris sé breactha air. Chuir sé blaisín iontais air an liosta a fheiceáil scríofa, óir níor shíl sé a mhórán de san am a raibh sé dá inse dúinn ag doras an tseanhalla; blúirín eolais eile de mhuintir na háite. Bhí a bhean is a mhac ar shlí na fírinne faoin am agus ba ghearr ina dhiaidh sin go bhfuair sé féin bás, beannacht Dé leo go Flaitheas.
Bhí mé ag tiomáint ar ais, maidin deireadh oíche ar cor bealaigh as Gaoth Dobhair, aníos an Chomairce agus tríd an Bhrocaigh dhá bhliain ó shin. Nuair a thiomáinfeas tú thart i ngar dá theach, ní thiocfadh leat gan cuimhneamh ar an saibhreas seanchais agus scéalaíochta a thig leis an duine a iompar. D'fhág sé comaoin orainn, an dream a thagadh isteach Gleann Fhinne sa samhradh ag iarraidh cluas a thabhairt don saibhreas scéalaíochta agus cainte sin, i ndúil cuid de a bhreith linn ar ais chun an bhaile againn féin.

Dán ómóis d'Aodh Ó Baoill

Aodh Ó Baoill

A Hughie, rugadh thú dornán de bhlianta o shin
Bhí am agatsa i gconaí domhsa agus go leor cosúil liom.
Níor thréig tu riamh na Gaeil,
Agus bhí ár dteanga i gconai i do bheal.

Is iomai deoch agus craic mhaith a bhi againn,
Agus le freagra ní raibh tu ariamh gann.
Ar do bhealach beag dóighiúil féin,
Bhi tú i do mhúinteoir i bhfad 's i gcein.

Nuair a bhi tu ag caint le scolaire,
Is beag duine nach raibh ag tabhairt aire.
Bhi meas mór againn go léir ort,
Agus is iomaí uair a chaith muid ag réiteach an tarta.

Anocht le tamall beidh tú ag an gheafta.
Frid an domhan tá do smaointe scaipthe.
Nuair thuig muid go raibh tú cosúil le coinneal sa ghaoith.
Char smaointigh muid ariamh go mbeadh an solas amuigh.

Is fíor gur sciobadh thú i ngan fhios dúinn.
Is fíor fosta go raibh tú i do chara dílis buan.
Bhi muid uilig le chéile nuair a cuireadh thú sa Ghleann.
Is iontach nach raibh óráid nó fiú mórán Gaeilge ann.

So in a language that is truly foreign,
You will be in our memory very very often.

Ómós do Hughie Mhín na Saileach

Brian Mac Lochlainn - Geimhreadh 1994

CUID IV

Cláir don Phobal

Oideas Gael agus Cláir don Phobal

Nuair a thosaigh Oideas Gael amach an chéad lá, ní raibh a leithéid de rud ann agus plean oibre ná tuairim ag éinne againn cad é a bhí romhainn – ach amháin go raibh rún againn ár ndícheall a dhéanamh an Ghaeilge a choinneáil beo sa cheantar. Bhí sé soiléir dá mbeadh buntáiste eacnamúil le fáil ag pobal na háite ón Ghaeilge go mbeadh an méid sin féin ina chuidiú mór le dearcadh dearfa a chruthú agus le misneach a chothú ina measc. Ar ndóigh, bhí na manaí úd 'What good is Irish? agus are you still flogging that dead horse' coitianta i rith an ama, agus an meon a théann lena leithéidí go tréan in intinn cuid de na daoine. Bíodh gur obair dhoiligh a bheadh ann múnla diúltach na haigne céanna, a bhí forleathan ar fud na tire – gan trácht ar Ghleann Cholm Cille – a bhriseadh, bhí na coláistí samhraidh, a bhí i ndiaidh a bheith ag feidhmiú ar fud na nGaeltachtaí le fada, ina n-ábhar dóchais agus ioncaim do na céadta duine sna réigiúin sin ar fad.

Ar feadh i bhfad ní raibh de dheis ag Oideas Gael dul i mbun

gníomhaíochtaí ar bith eile seachas cúrsaí i dteanga agus i gcultúr na Gaeilge – go dtí gur tógadh ár n-ionad imeachtaí féin le cuidiú ón Chiste Idirnáisiúnta d'Éirinn, Údarás na Gaeltachta, Roinn na Gaeltachta (agus le hiasacht ó chraobh áirithe i mBaile Átha Cliath de chuid Banc-Aontas Éireann) i 1991. I samhradh na bliana sin d'aistrigh cúrsaí Oideas Gael ó fhoirgneamh na bunscoile ar an Chaiseal go háras nuathógtha Foras Cultúir Uladh mar a raibh faill ann réamhphleanáil a dhéanamh feasta fá choinne scéimeanna de mhórán saghsanna eile. Ba é an clár Eorpach *Horizon* a chuir an chéad deis ar fáil dúinn oiliúint agus ócáidí fostaíochta a thairiscint do bhuíon daoine ón cheantar agus iad i mbun ceirde a muintire – ag cardáil, ag sníomh agus ag dathú snáth lámhdhéanta le táipéisí deartha a chruthú. Thug go leor de bhunadh an cheantair cuidiú agus comhairle don tseisear a chuaigh faoi oiliúint: thagadh Jimí Mac Giolla Chearra agus Mary Kate Uí Ghadhra isteach chucu go minic agus b'é Con Ó Gadhra a bhí fíorfhlaithiúil lena chomhairle mar fhíodóir. Thaisteal na fíodóirí nua-oilte sin ar fud an domhain: go Florida, Nua-Eabhrac, Milwaukee agus go leor áiteanna eile. Tá a gcuid táipéisí crochta in ionaid

Ag tacú le turasóireacht Dhún na nGall, RDS, Baile Átha Cliath.

Mícheál Ó Muircheartaigh le cuid den fhoireann ag an Fhéile Saoire sa RDS, BÁC 1994.

Alix ag déanamh iontais den chaora.

Taipéis Gael ag Féile Éireannach, Tampa, Florida.

taispeántais san iliomad tír agus, rud atá lán chomh tábhachtach, féadtar a bheith cinnte inniu go bhfuil an cheird sheanda, luachmar seo ag dul a mhaireachtáil beo go ceann glúine nó dhó eile ar a laghad.

Ba le *Integra* a tháinig an dara clár Eorpach chun tosaigh a d'fhág ar ár gcumas seisear eile a chur faoi oiliúint – an uair seo i scileanna tógáil cloiche agus i ngach ar bhain leis an timpeallacht a choinneáil slachtmar agus, san am céanna, le cuma ealaíonta a chur uirthi. Rinne na daoine a bhí i gceist anseo modúl leis an saor cloiche iomráiteach, Beairtle Ó Dónaill ón Cheathrú Rua, agus le roinnt ealaíontóirí éagsúla ó pháirteanna eile den tír; agus tá an chuid is mó acu siúd a oileadh ag obair ó shin le saoirseacht chloiche agus iad ag saothrú a gcoda le cuidiú na máistrí úd a choinnigh an scil chéanna beo thar na céadta bliain.

Le cois an mhéid sin uile, tá Oideas Gael i ndiaidh a bheith gníomhach le beagán blianta anuas i mbun oiliúna ar chúrsaí fiontraíochta le tacaíocht an chláir thras-teorann *Intereg* ag a bhfuil comh-mhaoiniú ó Údarás na Gaeltachta. Ba é an clár seo a thug deis do thríocha duine ar dhá thaobh na teorann a bheith rannpháirteach i gcúrsa ard-oiliúna a

chuir ar a gcumas a gcuid scileanna airgeadais, pleanála, cumarsáide agus fiontraíochta a fhorbairt, agus iad ag baint leasa san am céanna as an chomhairle is fearr dar féidir a fháil ó shaineolaithe aitheanta sa réimse. Ní miste a lua go bhfuil an dream a ghlac páirt san fhiontar seo ag obair anois i gcomhlachtaí pobail agus príobháideacha ar fud an réigiúin.

Ba de thairbhe an dlúthcheangail a bhí ag Oideas Gael ó thosach le coistí deonacha an cheantair uilig agus mar go raibh comhoibriú den scoth ar bun ar an dá thaobh a rinneadh an méid dul chun cinn go léir ar tráchtadh thuas air. Ní mór a admháil cé chomh mór agus atáthar faoi chomaoin ar son na tacaíochta den scoth a bhíodh ar fáil againn i rith an bhealaigh go dtí seo ón Lárchomhairle, ón Choiste Forbartha Áitiúil agus ó Chumann Lúthchleas Gael: i nGleann Cholm Cille, thar aon áit eile, tuigtear nach neartófar an Ghaeilge ná nach ndéanfar í a fhorbairt mar is ceart san am atá le teacht gan tionscnaimh chomhoibritheacha a chur sa tsiúl a mbeidh an pobal rannpháirteach iontu ag oiread leibhéal agus is féidir.

Ag 'Togáil ár bPobail', - fiontar cloiche.

Siobhán Ní Churraighin, Liam Ó Cuinneagáin agus Gearóidín Ní Ghonghail ag glacadh le Rural Tourism Award AIB agus Bord Fáilte 1997.

Monica de Bath, Taipéis Gael le Siobhán.

Na Stiúrthóirí leis na hOll. Seán Ó Gliasain agus Michael Herity agus taispeántas Taipéis Gael á oscailt ag Ambasadóir SAM, Jean Kennedy Smith, i nDún Aimhirgín, BÁC.

An tAire Máire Ní Chochláin, Éamonn Ó hArgáin, Foras na Gaeilge, agus Liam Ó Cuinneagáin ag seoladh www.beo.ie.

Macasamhail Leabhar Cheanannais

Ceann de na rudaí ba dheise dúinn in Oideas Gael, thar na mblianta, ná an tacaíocht a fuair muid ó go leor daoine sa phobal agus lasmuigh de. Ba mhór an onóir dúinn, mar sin, nuair a thug Stefan agus Theresa Hofmann chugainn, caol díreach ón Eilbhéis, macasamhail de Leabhar Cheanannais (an Book of Kells a scríobhadh i mainistir de chuid Naomh Colm Cille). Sa tír sin a rinneadh an saothar sainiúl seo nach raibh ach 1,400 cóip de ar fáil. Tá an mhacasamhail sin ar taispeáint anois i bhForas Cultúir Uladh agus tugann Stefan cainteanna go rialta uaidh ar iontais an leabhair do ghrúpaí a thagann ar cuairt go Gleann Colm Cille.

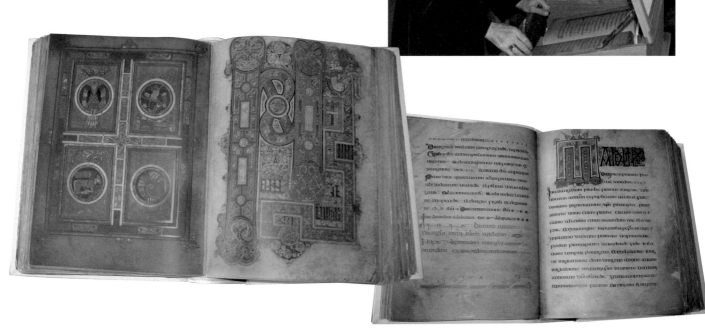

Stefan Hofmann ag taispeáint macasamhail de Leabhar Cheanannais don Easpag Pilib Ó Búiche.

CUID V

Pobal Oideas Gael

Oideas Gael – ag dul siar bóthar na smaointe

LE STIOFÁN Ó DIREÁIN

Bhí mé i Londain an oíche chinniúnach sin sa bhliain 1984. Oíche ar leith ag deireadh na míosa a bhí inti, oíche a dtagadh Gael Londan le chéile le comhrá a dhéanamh, le scéalta a insint, le hamhráin a cheol agus le háiméar a thapú lenár n-oidhreacht féin a bhlaiseadh. Mar ba ghnách, bhí seanchairde de mo chuid Seoirse Ó Broin agus Pádraig Ó Conchúir i mbun cainte le chéile. Ba ag cúléisteacht leo a bhí mé mar gur léir go raibh sceitimíní orthu. D'éirigh me fiosrach agus chuir mé mo ladar isteach sa chomhrá.

'Cad chuige a bhfuil sibh chomh tógtha sin?', arsa mise.

'Chaith muid ceann de na seachtainí ba mhó sult riamh inár saol ar na mallaibh', a d'fhreagair Seoirse, 'bhí muid ar chúrsa Gaeilge i nGleann Cholm Cille'.

Baineadh siar asam, cad chuige ar bhain duine ar bith sult as cúrsa gramadaí? An bhfuil rud ar bith níos leadránaí ar an saol seo? Thosaigh mé ag spochadh astu.

'Níl ach ionaibh ach seandaoine dóite, luígí ar bhur leapacha is codlaígí bhur ndóthain', arsa mise. 'Thig ciall le haois', a d'fhreagair Seoirse.

Ansin, thosaigh mé dá gceistiú go géar agus fuair mé amach uathu go raibh siad ar chúrsa ar a raibh meascán de ranganna gramadaí, de chomhrá agus d'imeachtaí siamsaíochta ar fáil, cúrsa ar a raibh béim ar an chaint! Ní amháin sin ach bhí múinteoireacht den chéad scoth ar fáil ann i gceann de na háiteanna is deise sa domhan.

'Cad chuige a bhfuil cúrsa ar bith de dhíth oraibh mar tá Gaeilge ar dóigh agaibh?', arsa mise.

'Bímid ag foghlaim i dtólamh agus ní bheidh ach deireadh amháin leis,

an bás', a d'fhreagair Seoirse.

Ábhar machnaimh a bhí sa chomhrá sin agus bhí tionchar nach beag acu ar Ghaeil Londan mar níorbh fhada gur thug muid cuairt ar an Ghleann le draíocht na háite a bhlaiseadh. Chuaigh mé féin ann ar dtús sa bhliain 1986, más buan mo chuimhne. Thiomáin mé go Holyhead i dtuaisceart na Breataine Bige agus ansin thaisteal mé ar an bhád go Dún Laoghaire. Ní raibh a fhios agam cé chomh fada is a bheadh an turas sin go dtí an Gleann ach faoi dheireadh bhain mé amach é.

Peata den lá a bhí ann ach ar bhaint amach dom mullach an chnoic ar an taobh ó thuaidh de Charraig chonaic mé thíos uaim faoi loinnir na gréine ceann de na radhairc ab fhearr ar leag mé súil air le mo linnse. Seoid luachmhar ildaite neadaithe i lár an fhiántais a bhí inti. Thíos uaim bhí an Fharraige Mhór ag pógadh bhéal na trá, trá fhairsing ghleoite ag síneadh ó Abhainn an Mhuirlín go dtí an Clachán.

Anois a léitheoir, ní mór dom míniú duit go raibh mo chuid Gaeilge meirgeach go leor ag an am sin agus níos measa ná sin ba thaighdeoir fisice mé, fear léannta de réir dealraimh! Ach is é an rud is measa agus is aistí maidir le saineolaí ar bith nach bhfuil muid ar ár suaimhneas taobh amuigh dár n-ábhar taighde

Clé go deas – Jimmy Stewart is Seoirse Ó Broin, Scoil Samhraidh 2001.

féin! Mar sin, caithfidh mé a rá go raibh faitíos an domhain orm agus mise i m'eisdíritheach! Dochreidte ach fíor!

Fuair mé amach ó bhunadh na háite go mbeadh an cúrsa ar siúl i dteach na scoile os comhair an tí tábhairne 'Biddy's'. Ba ansin a bhuail mé le Liam Ó Cuinneagáin don chéad uair. Labhair mé leis i ndrochGhaeilge agus iontas na n-iontas chuir sé mise ar mo shuaimhneas ar an toirt agus cé go raibh trí rang ar siúl chuir sé mise sa rang ab airde. Leis sin bhí eagla an domhain orm ceart go leor ach thuig Liam gur chóir dúshlán a thabhairt agus bhí an ceart aige. Tugadh le fios dom gur cuireadh focal ar lóistín fá mo choinne i dteach Uí Fhatharta ar shleasa an chnoic ach cén cnoc? Shín Liam a chorrmhéar i dtreo spota báin i bhfad uainn. D'amharc mé go géar i dtreo na méire agus fuair mé eolas an bhealaigh uaidh. Thiomáin mé i dtreo Ghleann Geis agus ar clé go dtí An Droim. Bóthar millteanach a bhí ann

mar ba mhinic a d'imigh an chéad phíosa eile den bhóthar as radharc. Faoi dheireadh bhain mé an lóistín amach agus chuir Máirtín is Máire fearadh na fáilte romham i nGaeilge álainn an Ghleanna agus iontas na n-iontas i nGaeilge bhinn Ros Muc! Mar a tharla, ba as Ros Muc, Conamara, é Máirtín! Chaith siad liom mar dhuine den teaghlach agus bhain mé an-sult as an tseachtain leo.

Mar ba ghnách, bhíodh cruinniú ar siúl ar a hocht, cruinniú ag a mbíodh seans againn aithne a chur ar a chéile. Chuir Liam in iúl dúinn an aisling a bhí aige féin agus ag Seosamh Watson faoi chúrsaí Gaeilge do dhaoine aibí a reáchtáil le haghaidh Gaeilge na háite a chaomhnú is a neartú, le stádas a thabhairt don teanga, le cur le heacnamaíocht an Ghleanna agus le cur leis an líon daoine a raibh líofacht na Gaeilge acu. Is daoine smaointeacha aislingeacha iad Liam agus Seosamh a bhfuil an phearsantacht cheart acu le daoine a chur ar a suaimhneas agus le iad a

spreagadh.

Mar a dúirt Seoirse liom bhí an bhéim ar an chomhrá agus ar an teanga labhartha agus bhain me an-sult as leagan amach an chúrsa. Bhí cúrsaí gramadaí á phlé, díospóireachtaí á dhéanamh ar théamaí éagsúla agus píosaí aisteoireachta á dhéanamh os comhair lucht an chúrsa fosta. Thairis sin, cuireadh béim ar an chraic agus ar an ghreann. Is dócha go raibh sé d'ádh orm bualadh leis an aisteoir Garret Keogh mar réitigh muid go mór le chéile. Ba le linn na seachtaine sin a bhuail mé le Stiofán Mag Réill, iriseoir a bhíodh go minic ar chúrsaí sa Ghleann agus a bhfuil cónaí air i nDún Bhláthain na hAlbain. Rinne sé cur síos i nGaeilge ar an ár a tharla i 1996 nuair a dúnmharaíodh 15 páiste scoile agus a múinteoir. Is cinnte go raibh an cúrsa dúshlánach ach tá an strácáil tábhachtach le rud ar bith a fhoghlaim i gceart. Is cinnte go raibh an ceart ag údar an tseanfhocail 'ní saoi gan locht'. I ndiaidh lóin bhí seans againn siúl sléibhe a dhéanamh nó cuairt a thabhairt ar an trá nó damhsaí nó ceol a dhéanamh.

Ar an chéad chuairt sin, bhí áiméar agam bualadh le muintir na háite, mar shampla, Hiúdaí Ó Baoill, seanchaí nach maireann, a d'inis seanchas an

Trá an Ghleanna, Cionn Ghlinne, Garbhros agus Sliabh Bhiofáin

Rang i mbun aisteoireachta

Ghleanna dúinn; Páidí Beag Mac Giolla Easpaig; Brian rua, an tiománaí bus, James Pádraig, srl.

Le tús a chur le siamsaíocht na hoíche, bhí imeachtaí ar leith

Seosaimhín Ní Fhloinn (múinteoir scoile) agus Garret Keogh (aisteoir) i lár pictiúir (1986)

Ar clé Áine Uí Dhúnlaing; Stiofán Mag Réill (d.)

Turas an Ghleanna á dhéanamh Stiofán Ó Direáin (c.); Eibhlín Nic Fhionnlaoich (múinteoir) (d.)

Chris Agee (file) (c.), ina lár Seosaimhín Ní Fhloinn is Stiofán Ó Direáin ag an túr Martello ar Shliabh Bhíofáin

eagraithe, mar shampla, léacht filíochta, ceolchoirmeacha, damhsaí srl. Ina dhiaidh sin, thug muid cuairt ar na tithe tábhairne, Biddy's, Roarty's agus an Glen Head. Bhí an-ráchairt ar Biddy's ach go háirithe mar ba theach tábhairne den tsean-déanamh é. Is cuimhin go maith liom na mná ag teacht anuas an staighre ó leithreas na mban i ndiaidh a bheith ag bualadh leis an Mhaighdean Mhuire – dealbh mhór atá ann a scanraíonn gach aon duine! Anois, sin leigheas na póite! Chaith muid na hoícheanta i mbun cainte agus i mbun ceoil. Ar ndóigh bhí Gaeilge le cluinstin ó dhubh go dubh, rud a chuir go mór lenár gcuid Gaeilge. Rud amháin a chuir iontas orm fuair mé amach gur daoine éirimiúla as an ghnáth iad lucht na teanga. Ar ndóigh, bhí Liam ann le daoine a spreagadh chun ceoil. Leoga, ba mhinic a cheol mé féin!

I ndiaidh lóin bhí seans againn cuairt a thabhairt ar an cheantar máguaird agus caithfidh mé a rá go bhfuil a lán rudaí le feiceáil. Ní amháin an tírdhreach álainn, ach na seaniarsmaí ó ré na págántachta agus ó thús na Chríostaíochta atá coitianta go leor ann. Shiúil muid go dtí an túr ar bharr Shliabh Bhíofáin agus ansin go Port. Ba ansin a bhuail mé le Tony Birtill a bhí i mbun siúil sléibhe.

Labhair muid le chéile as Gaeilge agus ansin thug Tony le fios dom gur 'scouser' é, rud a chuir iontas orm! Caithfidh mé a rá nár chreid mé é nó gur labhair sé i mBéarla breá na Beatles!

Bhí brón nach beag orm ag deireadh na seachtaine sin. D'fhág mé slán ag teaghlach Uí Fhatharta, ag Liam agus ag mo chuid cairde nua agus thug mé m'aghaidh ar an turas fada abhaile. Ach rud amháin a raibh mé lánchinnte de, bheinn ar ais chomh luath agus ab fhéidir.

D'fhreastail mé ar chúrsaí eile sa Ghleann ón am sin i leith agus i dtólamh bhaininn an-sult as an mhúinteoireacht, as bualadh le muintir na háite agus as na himeachtaí is an tsiamsaíocht. Ar an deá-uair, tógadh Foras Cultúir Uladh, foirgneamh ina bhfuil áiseanna is seomraí múinteoireachta níos fearr. Scaipeadh clú is cáil na gcúrsaí i gcéin is i gcóngar agus ní raibh sé i bhfad go raibh an-ráchairt orthu ó achan chearn den domhan. Ar ndóigh, d'fhoghlaim mé a lán ó na fathaigh ghramadaí, mar shampla, ó Mharcas Ó Murchú, ó Antain Mac Lochlainn, ó Éamonn Ó Dónaill, ón Ollamh Joe Watson agus

ón Dochtúir Seosamh Mac Muirí.

Ar chuairt amháin eile ar an Ghleann bhí orm siúl ar ais go dtí an lóistín ag marbh na hoíche. Ar an oíche rédhorcha sin bhí glincín sa ghrágán ólta agam agus thug mé dhá thaobh an chosáin liom ar mo bhealach abhaile. Mar gheall ar an ól agus an dorchadas is ar éigean go dtiocfadh liom an cosán a bhaint amach fiú. Céim i ndiaidh céime d'éirigh mé ní ba ghiorra don cheann scríbe ach go tobann baineadh titim asam. Cad é a bhí ann? Bhí taibhse ag coraíocht liom! Bhí mo chroí i mo bhéal agam! Ansin stop sí agus lig sí méil aisti le faoiseamh a thabhairt dom. Leis sin, tháinig mé ar mo chéill arís agus d'fhág mé slán ag an chaora sin le cúpla masla as Gaeilge.

Bhí sé d'ádh orm dul ar thuras an Ghleanna le Jimmy Mac Giolla Chearra. Dúshlán eile a bhí ann ar na saolta sin mar labhair sé chomh gasta sin go raibh deacrachtaí agam a chuid cainte a leanstan ina hiomláine. Ach rud a bhí suntasach, bhí

Jimmy iontach eolach ar stair is seanchas an Ghleanna.

Ní raibh sé i bhfad gur tháinig múinteoirí eile ó Londain go dtí An Gleann. D'fhreastail Dónal Ó Céilleachair, Mairéad Uí Lí agus Laoise de Paor ar chúrsaí sa Ghleann. D'fhan Mairéad le Mary is John Cunningham i Brackendale agus tá a fhios agam gur bhain sí an-sult as an lóistín, as cuideachta John is Mary agus as na cúrsaí. Ba mhinic a thugainn féin is Mairéad cuairt ar an Trá Bhán mar ba dheas dúinn beirt éisteacht le crónán na farraige ar an trá álainn sin. Cuireann sé iontas orm go fóill le bheith ag amharc ar na clocha ildaite scaipthe thart ag ceann thoir na trá. Is léir ó chruth na gcloch gur áit ársa í an

Seosamh Mac Muirí agus Seoirse Ó Broin i mbun cainte, Tigh Bhidí

Éamonn Ó Dónaill (múinteoir) is Rós Mháire Nic an Ghoill

Antain Mac Lochlainn (múinteoir)

Jimí Mac Giolla Chearra le Seosamh Watson

trá agus is doiligh a chreidbheáil cé chomh casta is atá siad. Sílim féin go bhfuil draíocht ar leith le blaiseadh ann. Thugaimis cuairt go minic ar Thrá an Ghleanna fosta agus ba ansin a tháinig muid ar bhláth ar leith. Bhain Mairéad an lus sin le é a thaispeáint i gceart dom agus d'fhiafraigh sí díom cá hainm a bhí air. D'fhreagair mé go dtugtar Magairlíní Meidhreacha air agus gur chineál de Viagra na nGael a bhí ann. Leis sin lig sí racht gáire aistí agus thosaigh sí ag spochadh asam. Ar ár mbealach go dtí an coláiste bhuail muid le Ray Mac Manais, múinteoir, agus thug sí an lus dó, miongháire ar a béal. B'fhéidir gurbh é sin an rud a spreag é leis an amhrán Amhrán an Viagra a chumadh, amhrán a bhain duais amach ag an Oireachtas.

Faraoir géar, tá Mairéad Uí Lí agus Laoise de Paor ar shlí na fírinne anois, ar dheis Dé go raibh a n-anamacha. Scaipeadh luaithreach Laoise sa Ghleann ar

Mairéad Uí Lí le Pádraig Mac Cearáin ar an Trá Bhán

Na clocha ársa, casta, ildaite ag ceann na Trá Báine

na mallaibh.

Tarlaíonn rudaí as an ghnáth go minic ar na cúrsaí eagraithe ag Oideas Gael. Ba ansin a bhuail mé le Crissy Stokes, rinceoir boilg! Nuair a thug sí le fios dom gur rinceoir í níor chreid mé í. Ar ndóigh faoin am sin bhí a fhios agam go mbítí ag spochadh as a chéile go minic, agus bhain mé sult as an chraic sin. Ansin, ar ámharaí an tsaoil, thug sí taispeántas dúinn taobh amuigh den Fhoras. Is cinnte gur bhain sí radharc na súl as cách a bhí i láthair, go háirithe na fir!

Nuair a thagaimis abhaile go Sasana i ndiaidh gcúrsaí bhí na Gaeil London lán d'fhuinneamh is tuairimí maidir le feabhas a chur ar na ranganna Gaeilge agus ar na ranganna comhrá. Chuir muid a lán imeachtaí ar siúl, mar shampla, fuair muid ceadúnas raidió agus chraol muid sa Ghaeilge ar feadh an tsamhraidh sin agus d'eagraigh muid comhdhálacha

agus léachtaí leis an Ghaeilge a chur chun cinn i Sasana.

Ní amháin gurbh iad na Gaeil London a bhain tairbhe as cúrsaí sin ach bhain Protastúnaigh Thuaisceart Éireann tairbhe nach beag astu fosta. Tá sé ar eolas ag madraí na sráide go mbíodh deacrachtaí ar leith acu mar ba dhoiligh leo rang a fháil in áit shlán sábháilte dóibh agus na trioblóidí faoi lán seoil i dTuaisceart Éireann. Nuair a tháinig mé abhaile i ndiaidh breis is tríocha bliain caite agam thar lear chuaigh mé ar thóir Gaeilgeoirí i mBéal Feirste agus bhuail mé le roinnt Protastúnach a raibh suim as cuimse acu sa teanga. Is daoine cróga iad mar bhíodh sé i bhfad ní ba dhoiligh ag Protastúnach ar bith an fód a sheasamh amach óna mhuintir féin beag beann ar sheicteachas agus ar an mheon coilíneach. Bhíodh agus bíonn dearcadh diúltach agus fiú nimh san fheoil ag a lán Protastúnach in aghaidh na Gaeilge agus in aghaidh chultúr na hÉireann. Mhothaigh na Gaeilgeoirí Protastúnacha slán sábháilte sa Ghleann. Labhair mé ar na mallaibh leis an Urramach Bill Boyd, leis an drámadóir Robin Glendinning agus leis an dlíodóir Victor Hamilton le fáil amach faoin taithí a bhí acu a bheith ag foghlaim na Gaeilge. Dúirt Bill liom gur fhreastail seisean ar chúrsaí Gaeilge ar Dhún Lathaí agus dúirt Victor is Robin liom gur fhreastail siadsan ar rang Gaeilge Pheadair Mhic Mhuiris ar an Bheannchair. Tugadh comhairle dóibh dul ar chúrsa Gaeilge Oideas Gael le feabhas is snas a chur ar a gcuid Gaeilge.

Ar chaint le Bill Boyd dom fuair mé amach go raibh sé páirteach sa bhunrang ar an chúrsa i nGleann Fhinne i 1995. Stop sé i dtigh Phyllis. Ba bhean iontach suimiúil is iníon le hÁine Uí Dhochartaigh í. D'fhan sé ann le bean as an Nua-Shéalainn agus le Meiriceánach. Bhí an cúrsa ar siúl sa scoil náisiúnta agus cé nach raibh na háiseanna ró-mhaith bhí caighdeán múinteoireachta den chéad scoth ar fáil ann. Ní raibh ach seachtar nó ochtar sna ranganna agus mar sin, bhí seans ag cách labhairt agus le haithne a chur ar a chéile. De réir Bill chuir an cúrsa go mór lena chuid Gaeilge agus bhí an-lúcháir air nuair a bhain sé duais amach, sin leabhar filíochta de chuid Nuala Ní Dhomhnaill. Bhí siad gnóthach go leor san oíche le díospóireachtaí a ullmhú agus ansin a bheith ag caint le chéile sa Ríleann, an teach tábhairne áitiúil, nó a bheith ag damhsa. Is slatiascaire é Bill agus bhí sé ar a shuaimhneas agus é i mbun iascaireachta in Abhainn an Rílinn. Ar

an droch-uair níor mharaigh sé iasc ar bith. B'fhéidir nach raibh sé ag éisteacht le fuaimeanna na habhann agus ar ndóigh tá sé i bhfad níos doiligh greim a fháil ar bhradán feasa na gramadaí ná iasc a mharú! Nuair a shiúil sé isteach i seomra an ranga ar dtús bhí eagla an domhain air mar bhí an bhéim ar an chaint ach faoi dheireadh spreag an cúrsa go mór é agus bhain sé féinmhuinín amach le dul i mbun comhrá. Ansin thug sé a aghaidh ar an chúrsa sa Ghleann, áit ar bhuail sé le John Robb. Le cuidiú Éamoinn Uí Dhónaill chaith sé an tseachtain sáite i ngramadach na Gaeilge, rud ar bhain sé an-taitneamh as. Stop sé le Mary is John i 'Brackendale'. Bliain eile d'fhreastail sé ar an chúrsa 'Cruinneas' ach cé gur chrua leis an ghramadach thaitin sé go mór leis. San oíche thug siad cuairt ar na tithe tábhairne logánta mar chuir an Guinness go mór leis an 'Chruinneas'. Is cuimhin liom Bill i mbun léachta ar an Ghaeilge sa Línhalla i mBéal Feirste nuair a dúirt sé gur mhothaigh sé go raibh sé ag teacht abhaile agus é ag foghlaim na Gaeilge!

Chuir Robin Glendinning síos ar na cúrsaí fosta agus de réir dealraimh chaith sé féin is Bill Boyd trí seachtaine ann in áit a bheith ag dul

go Rann na Feirste. Rinne siad staidéar ar an Ghaeilge ar Ollscoil na Banríona le linn an ama sin agus as siocair gur chaith siad tamall i Rann na Feirste mar chuid den chúrsa ollscoile an bhliain roimhe sin bhí siad ag iarraidh taithí eile a bhlaiseadh. D'fhreastail a iníon ar chúrsa ann fosta agus ba ar bharr Shliabh Liag a thug sí féin agus a leannán lámh is focal dá chéile! Mar a luaigh mé cheana is áit dhraíochta í Gleann Cholm Cille. Thug sé faoi deara go raibh a lán buntáistí bainteach leis na cúrsaí .i. ní raibh seans ag duine ar bith éalú ón Ghaeilge agus chuir siad deis ar fáil do na mic léinn caint le chéile is foghlaim óna chéile, sin mic léinn ar comhchaighdeán Gaeilge agus ar comhfhoclóir.

De réir a chéile, chuir Liam réimse ní b'fhearr de ranganna ar fáil, ranganna a raibh an-ráchairt orthu agus ansin tháinig sé ar thuairim rí-mhaith nuair a chuir sé tús leis an Scoil Samhraidh. Ar ndóigh, bhí an bhéim ar an chaint mar ba ghnách, ach an t-am sin chuir sé go mór le héagsúlacht na ranganna. Seo a leanas an leagan amach a roghnaigh sé: ranganna gramadaí is díospóireachtaí is comhrá ar maidín agus ranganna ceoil, sean-nóis, amhránaíochta, siúil sléibhe, turas an Ghleanna, turas go dtí na cairn chuairte, cócaireachta, damhsaí srl. i ndiaidh lóin agus léachtaí ó aoichainteoirí den chéad scoth, ceolchoirmeacha le grúpaí logánta ceoil, seisiún filíochta, ceolchoirm ar an sean-nós, béaloideas na hÉireann agus ceolchoirm ó scoth na gceoltóirí nó le cór gaelach sna oícheanta. Eagraíodh céilí mór leis an dlaoi mhullaigh a chur ar an tseachtain.

Mar dhuine an-tugtha d'amhránaíocht ar an sean-nós, bhínn rannpháirteach i dtólamh sna ranganna sin faoi stiúir amhránaithe

mór le rá mar shampla, Lillis Ó Laoire (buaiteoir Chorn Uí Riada), Gearóidín Neidí Frainc Nic Grianna (buaiteoir Chorn Uí Riada) agus Doimnic Mac Giolla Bhríde (buaiteoir Chomórtas na bhFear). Caithfidh mé a rá gur ranganna as an ghnáth iad mar is fíor-annamh bualadh le hamhránaithe a bhfuil gach scéal taobh thiar de na hamhráin sin ar eolas acu, rud a chuireann go mór leis na mothúcháin agus leis an stíl amhránaíochta. Ba ansin a d'fhoghlaim mé An Draighneán Donn agus mise i mbun scríbhneoireachta faoi láthair cluinim guth álainn binn Ghearóidín Neidí

Frainc i m'intinn, rud a chuirfeadh do chroí ar éiteog!

Chomh maith leis na ranganna sin bhí áiméar iontach againn dul ar an turas le Jimmy Mac Giolla Chearra. Bhí muid beag beann ar an aimsir ar fad agus muid ar siúl is ag éisteacht le Jimmy. Ba léir go raibh na deasghnása uilig, a bhain leis an turas, ar eolas aige.

Nuair a shiúlaim thart fán ghleann bíonn sé de nós agam i dtólamh cuairt a thabhairt ar Aingeal an Ghleanna agus ise ina luí ar leac uaighe i reilig Eaglais na hÉireann. Sílim féin go bhfuil sí ar a suaimhneas agus ar a marana ann. An bhfuil sí réidh le heitilt agus cad é an teachtaireacht atá aici fánár gcoinne? B'fhéidir gur tháinig sí le tairngreacht a dhéanamh go dtiocfadh Oideas Gael ar an saol le cur le beocht an Ghleanna!

Ba é tobar Cholm Cille buaicphointe an turais i mo thuairim

Ardrang Gaeilge 2004
Ar cúl: Diarmuid Ó Súilleabháin, Críona Ní Ghairbhí, Caitríona Ní Charthaigh, Seosamh Mac Muirí (múinteoir), Seán Ó hEaráin
Chun tosaigh: Bríd Bhán Ní Chléirigh, Proinsias Mac Ainmhire, Stiofán Ó Direáin, Seoirse Ó Broin, Seán Ó Gliasáin

Rang Sean-nóis faoi stiúir Dhoimnic Mhic

d'eagraigh Liam ceolchoirmeacha ar an sean-nós chomh maith agus ba mhinic a bhíodh muid faoi dhraíocht na gceoltóirí is na n-amhránaithe.

Le cur le héagsúlacht na gcúrsaí thugadh Liam cuirí go d'aoichainteoirí i dtólamh, mar shampla d'fhreastalaíodh an file cáiliúil Cathal Ó Searcaigh ar an chuid ba mhó de na cúrsaí agus le meascán de theangacha, de ghreann agus an dóigh s'aige le rud ar bith a rá go fileata chuireadh sé muid go huile is go hiomlán faoina dhraíocht. Is cinnte gur gabha focal é.

Ón am ar chuir Liam tús leis an Scoil Samhraidh, tháinig an tOllamh Séamas Ó Catháin le léacht a thabhairt ar gnéithe éagsúla, mar shampla, an rud a chiallaíonn roinnt ainmneacha na hÉireann agus an dóigh ar athraigh siad nó ar na maslaí

féin mar sílim gur áit fhíor-phágánach í nach bhfuil ach clóca síoda na Críostaíochta air. Seo cur síos ar stair an chreidimh le Éirinn, tír a shlog an Chríostaíocht agus an phágántacht araon gan mórán aighnis!

Bíonn siamsaíocht ar leith eagraithe ag Liam Ó Cuinneagáin in haghaidh na n-oícheanta. Nuair a fuair dlúthchara de mo chuid Seoirse Ó Broin bás chuir Liam brú orm léacht a thabhairt ar a shaol. Ní amháin gur dhlúthchara de mo chuid é Seoirse ach threabh sé gort na Gaeilge lena linn. Ba mhinic a d'fhreastalaíodh sé ar chúrsaí Oideas Gael agus chuireadh sé go mór leis an chraic gach uair a bhíodh sé ann.

Mar a luaigh mé roimhe seo,

Giolla Bhríde 2003

Jimí Mac Giolla Chearra i mbun Thuras Cholm Cille, Jack Ó Dochartaigh ar dheis, Tony Birtill is Francis Quinn sa lár;

Croscholún ag Stáisiún 2 ar Thuras an Ghleanna

Aingeal an Ghleanna – Reilig Eaglais na hÉireann

Jimmy Mac Giolla Chearra (d.) ag blaiseadh uisce

beannaithe an Tobair Clann Ghearóidín Neidí Frainc – ag an Scoil Shamhraidh

Seán Mag Uidhir ag ceolchoirm an tSeán-nóis, Foras Cultúir Uladh

'An Gaeilgeoir snasta blasta' i mbun ceoil – Tadhg Mac Dhonnagáin

Stiofán Ó Direáin ag tabhairt léachta ar shaol Sheoirse Uí Bhroin (nach maireann)

Amhránaithe sean-nóis sa Glen Head: Lillis Ó Laoire, Màiri Nic a' Ghobhainn, Éamonn Mac Ruairí, (d. go c.)

Ar chúl clé go deas: Sinéad Bhreathnach, Brian Ó Dónaill, Deirdre Bhreathnach Chun tosaigh clé go deas: Gearóidín Neidí Frainc, A Soilse Máire Mhic Ghiolla Íosa, Cití Sheáin Uí Chuinneagáin, Teresa Mhic Claifeartaigh. Ceolchoirm ar an sean-nós 2008.

Marcas Ó Cinnéide ag caint le Cathal Ó Searcaigh, file; 2007

Aidan O'Donnell agus Ciarán Ó Maonaigh 2008

Johnny Ó Conghaile (d.) le cairde

Seoirse Ó Dochartaigh agus comrádaithe

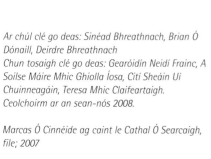

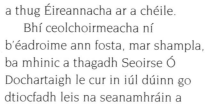

a thug Éireannacha ar a chéile.

Bhí ceolchoirmeacha ní b'éadroime ann fosta, mar shampla, ba mhinic a thagadh Seoirse Ó Dochartaigh le cur in iúl dúinn go dtiocfadh leis na seanamhráin a

athchruthú as an nua. Bhí seans againn éisteacht leis an Ghaeilgeoir snasta blasta fosta.

Gach bliain a raibh mé ann bhí imeacht as an ghnáth eagraithe ag Liam. Mar shampla, ní chluinfeá cór gaelach go minic mar ní raibh siansaí in úsáid ach go hannamh i stair an cheoil in Éirinn. Bhail, tháinig athrú ar an saol ar na mallaibh nuair a tháinig Doimnic Mac Giolla Bhríde go dtí An Gleann le 'Cór Thaobh 'a Leithid' arbh as Gaoth Dobhair dóibh. Ar bhealach, chuir an cór cáithníní ar mo chuid craicinn mar chuir na siansaí go mór leis na mothúcháin. Chuir siad salmaireacht na hAlban i gcuimhne dom!

Bhail, a léitheoir, tá mé ag teacht chun deireadh mo scéil anois. Cé gur scéal brónach é ar uairibh, a bheith ag smaoineamh ar chairde dár gcuid nach maireann, ar an iomlán is scéal

aiteasach fosta. Tá mé lánchinnte, agus níl mé i m'aonar, gur chuir Oideas Gael go mór le saibhreas mo shaoil. Spreag na cúrsaí muid, d'fhoghlaim muid a lán rudaí, bhlais muid cultúr is oidhreacht na hÉireann, chuir muid aithne ar chairde nua, bhain muid inspreagadh as, bhain muid an-sult as an chraic agus as an chuideachta agus bhí áiméar iontach againn aithne a chur ar aoichainteoirí ar leith a raibh scoth na Gaeilge agus saibhreas ár n-oidhreachta acu.

A Liam is a Sheosaimh, nár lagaí Dia bhur lámha, go raibh céad míle maith agaibh as bhur gcairdeas, as bhur gcineáltas agus as bhur léann.

Cór Thaobh an Leithid 2007 – Foras Cultúir Uladh.

Chrissie Stokes ag rince taobh amuigh d'Fhoras Cultúir Uladh – rinceoir boilg

Aodh Ó Baoill ('Hughie Mhín na Saileach' ag glacadh páirte i ndráma stairiúil sa Chlachán le linn An Oireachtais, 1989

Príomhoide deiridh bhunscoil na gCruach agus staraí an cheantair, a thacaigh go mór ó thosach le cúrsaí Oideas Gael i nGleann Fhinne. Máire bn. Uí Cheallaigh (ar d.) sna 1980í ag caint le Máire Pheadair Rua Mhic an Luain, seanchaí de chuid na gCruach.

Seoirse Ó Broin – Saol Gaelach

STIOFÁN Ó DIREÁIN

Seoirse Ó Broin
14/2/1921 - 1/1/2005

Ar Lá Caille 2005 d'fhreastail Seoirse agus a bhean chéile Máirín ar aifreann i Londain agus ba ansin a fuair sé bás le taom croí, grásta ó Dhia ar a anam uasal.

Ar seisean 'Is Béal Feirsteach mé, buíochas le Dia; mar sin tá dhá shúil agam - agus dhá chois thútacha chomh maith. Fosclaíonn sin fuinneoga agus druideann sé doirse romham'. Ach aisteach go leor, rugadh a athair i nDevonport Shasana agus rugadh a mháthair i Malta. Casadh an bheirt acu ar a chéile i mBéal Feirste agus pósadh i nGarrán na bhFearnóg iad.

Tógadh Seoirse i Sráid Walmer ag an tráth crua sin den tsaol nach raibh ach dífhostaíocht le fáil i mBéal Feirste. B'ar Scoil na mBráithre a fuair Seoirse a chuid Gaeilge ón Bhráthair de Nógla, an fear céanna a réitigh an leagan Ultach de Bhun-Ghraiméar Gaeilge na mBráithre Críostaí. Tugadh comhairle dó dul faoi scrúdú Státseirbhís na Breataine agus fuair sé áit i Londain i 1937, i mBanc Taisce an Phoist, an áit chéanna ar oibrigh Mícheál Ó Coileáin fiche bliain roimhe sin. Glas-stócach cúthail in aois a sé déag a bhí ann agus é ar tí dul ar an bhád bhán.

Ní raibh sé i bhfad i Londain nó go bhfuair sé amach go raibh Cumann Gaelach i gceantar Hammersmith ina mbíodh ranganna Gaeilge. Bhíodh céilithe ar siúl ag Brook Green, in aice le Hammersmith Broadway.

Nuair a chuir Óglaigh na hÉireann tús le feachtas buamála i 1938 tháinig an Cumann Gaelach faoi amhras agus cuireadh an ruaig ar a lán de na hÉireannaigh agus gabhadh cuid eile. Bhí Tarlach Ó hUid páirteach sa Chumann Gaelach ag an am sin agus is beag nár cuireadh Seoirse ar ais go hÉirinn cé nach raibh baint aige leis an fheachtas.

Sa bhliain 1940 thosaigh na haer-ruathair ar Londain agus ba chrua an

saol a bhí aige, go háirithe san oíche. Sa bhliain 1941 glacadh leis san aerfhórsa mar choinscríofach. D'inis sé dom go ndeachaigh sé isteach san aerfhórsa le creideamh an Phiarsaigh ina chroí, an creideamh nach mbeadh saoirse in Éirinn go dtí go raibh an tír go hiomlán saor agus Gaelach. Oileadh é mar shaighdiúir agus aisteach go leor cuireadh go Béal Feirste é le cúrsa raidió a dhéanamh sa 'Tech'! Ansin, chaith sé tamall i Greenock sular imigh sé go dtí an India ar an Brittanic i 1942. Chaith sé tamall i mBombay, Poona, Vanjambadi, Bangalore, Quetta, Lahore, Madras agus Delhi.

Ba i nGaeilge a scríobhadh sé an chorrlitir a chuireadh sé chuig a chuid cairde, rud a chuireadh fearg ar an chinsire áitiúil.

Ag deireadh an chogaidh tháinig sé ar ais go Béal Feirste. Fuair sé An Fáinne ó Dhomhnall Mac Grianna agus é ar saoire i nGaeltacht Thír Chonaill. Ach, ní raibh sé ábalta a bheatha a thabhairt i dtír ann agus phill sé ar Londain agus ar an Chumann Ghaelach. Bhíodh Seoirse i mbun teagaisc ann agus bhí sé chun tosaigh nuair a bhí Feis 1948 á heagrú: d'fhreastail Seán Mac Stiofáin ar a chuid ranganna Gaeilge faoin leasainm 'Pádraig'. Fiú amháin nuair a ghlac Seoirse páirt i gcás cúirte ghlac Seoirse an mionn ar leabhar Aifrinn Gaeilge.

Phós sé Máirín Nic Dhónaill i 1957 i Hammersmith. B'as an Líonán i gConamara ó dhúchas í agus i nGaeilge amháin a bhí an pósadh. Rugadh seisear clainne dóibh: Peter, Niav, Bernard, Shiela, Aidan agus Carmel.

Mar Uachtarán Chraobh Nollag Uí Chonaill chuir sé fáilte roimh Phroinsias Mac Aonghusa, Uachtarán an Chonartha i 1993, nuair a thug sé cuairt ar Londain le linn Chomóradh an Chéid. Mheall sé aisteoirí go Londain agus d'eagraigh sé drámaí Gaeilge, mar shampla, Jing Bang Jangle agus Cruachás na mBaitsiléirí. Le leathbhádóirí eile dá chuid mar Shéamus Ó Cionnfhaolaidh, Siobhán Uí Néill, Pádraig Ó Conchúir, Máire Ní Chuinn, Dónall Ó Céilleachair, Seán Ó Donnabháin, Tomás Mac Stiofáin, Mairéad Uí Lí, Stiofán Ó Direáin, Jackie Wardlow agus daoine eile nach iad cuireadh grúpaí comhrá agus ranganna Gaeilge ar bun thart fá Londain.

Duine cráifeach, cliste, greannmhar, leathanaigeanta a bhí i Seoirse agus thugadh sé léachtaí Gaeilge ag Hyde Park Corner go minic. Lena dhlúthchara Pádraig Ó Conchúir,

nach maireann, chuireadh sé ailt i nGaeilge i gcló go rialta i nuachtáin Éireannacha Londan. D'aistrigh sé agus scríobh sé dánta agus amhráin fosta, mar shampla:

Bhí meas mór aige ar Ghaeil Bhéal Feirste, daoine a sheas an fód i gcoinne thaoide an Bhéarla. Ar seisean, 'Cé go raibh siad beo, bocht shábháil siad pé airgead a bhí acu

chun scoileanna Gaeilge a bhunú'. San iris An Briathar Saor spreag Seoirse daoine le hairgead a chur chuig Meánscoil Feirste agus bhí áthas air nuair a chuir Craobh Nollag Uí Chonaill de Chonradh na Gaeilge Londan ordú bainc míosúil i bhfeidhm.

Tháinig Gaeilgeoirí ó gach carn den phríomhchathair go dtí an Fabhcún i

Nuair a bhí mé i m'Ógánach

Nuair a bhí im'ógánach gan phósadh is saor,
gan imní, gan bhrón, gan buaireamh an tsaoil,
bhíos i gcónaí ag imeacht le haoir agus spraoi
i gcuideachta cailíní óga

Curfá:
Seinn hirim ó huraim aidh hócaim aidh haí,
nach mise tá ciapaithe is cráite im chroí,
is dá mbeinnse scaoilte is díomhaoin arís
is fad ó na cailíní a d'fhanfainn.

Shíl mé nár dhochar domh a bheith mar a bhíos
is nach bhfaigheadh aon chailín greim orm choich'.
Ach mo bhrón is mo chreach maidne chaill mé mo chroí
nuair a casadh orm Máire.

Anois tá an bheirt againn pósta le bliain.
'S í an diabhal í is measa dá bhfacthas ariamh:
bíonn an tlú aici im éadan le siocair dá laghad,
nach mise atá scólta ag Máire!

An Guth (do Sheoirse)

LE STIOFÁN Ó DIREÁIN

Chuala mé do ghuth ar shráideanna Bhéal Feirste
Ag maisiú do theanga
Le seoda na Gaeilge.

Chuala mé do ghuth i ngearáin na gcinsirí
Ag breacadh dúch dubh ar do litreacha abhaile
Cogadh Domhanda, cogadh na Gaeilge.

Chuala mé do ghuth i dTóin an Bhaile
Ag glacadh fáinne
Ó Dhónall Mac Grianna.

Chuala mé do ghuth i Hyde Park Londan
Ag craoladh ár n-oidhreachta
D'iarBhriotanaigh bhodharchloíte.

Chuala mé do ghuth ar thuras Cholm Cille
Ag paidreoireacht ar son na cúise
Os comhair na croise.

Chuala mé do ghuth, mo ghiolla mear
Ag béal d'uaighe
I bhfad ó bhaile.

Chuala mé do ghuth i mbéal crotaigh
Ag anameitilt abhaile
Os cionn Loch Laoi.

Cluinim do ghuth i nglór na nGael.

Go dté tú slán, a chara dhíl, mar cronóidh muid go deo thú!
Ar dheis Dé go raibh d'anam.

'Agallamh na Seanórach' Paidí Ó hAilmhic le Seoirse Ó Broin.

gKilburn le cúrsaí na seachtaine a chíoradh le Seoirse inár dteanga dhúchais féin.

Bhí Seoirse iontach brónach nuair a fuair dlúthchara dá chuid bás ar 4 Iúil 1997. Rugadh Pádraig Ó Conchúir i 1928 i Chelsea, Londain. D'fhoghlaim sé a chuid Gaeilge ar ranganna Chonradh na Gaeilge i Londain: ba scoláire é, ba phoblachtach agus ba shóisialaí é a bhí gníomhach i gCumann na Leibhéalaithe agus i gCumann Thomas Paine.

Lena linn thug Seoirse lántacaíocht don Ghaeilge: mar shampla, bhí sé i measc na ndaoine a bhí chun tosaigh ag freastal ar chúrsaí Oideas Gael. Thug sé tacaíocht don nuachtán Lá ón tús agus ba ghnách leis freastal ar an Oireachtas agus ar Fhéile Bhéal Feirste.

Sa bhliain 2002 d'fhreastail Seoirse ar an Fhéile chéanna agus ar a bhealach ar ais chuig a lóistín stop na péas é agus d'fhiafraigh de cá raibh a thriall. Bheannaigh Seoirse dóibh i nGaeilge agus aisteach go leor thug siad síob abhaile dó. Ghlac Seoirse an deis sin le roinnt Gaeilge a mhúineadh dóibh!

I ndeireadh a shaoil, chuidigh sé go mór le Coláiste na nGael sa Bhreatain. Thugadh sé cuairt ar áiteanna éagsúla i gcuideachta Gaeilgeoirí eile chun daoine a spreagadh i dtreo na Gaeilge.

Dúradh an t-aifreann éagnairce ar a anam in Eaglais St. John Fisher i Hangar Lane, Londain ar18 Eanáir 2005. Sheinn cara dá chuid, Máire O'Reilly, an chláirseach lena linn agus chas mac dá chuid, Peter, amhráin. Léigh Tomás Mac Stiofáin óráid i nGaeilge in onóir Sheoirse. Cuireadh é sa reilig áitiúil ann agus cheol an t-amhránaí cáiliúil, Diarmaid Ó Cathasaigh, 'Mo Ghile Mear' ag béal na huaighe. Bhí slua mór ann ó achan chearn de na hoileáin seo, ina measc Liam Ó Cuinneagáin ó Thír Chonaill, Diarmaid Ó Cathasaigh ó Bhaile Átha Cliath agus Roibeard ón Bhreatain Bheag. Tháinig cairde agus muintir Sheoirse ar ais go dtí Óstán 'The Fox and Goose' agus chuir siad seisiún ar siúl le saol Sheoirse a cheiliúradh. Bhí amhráin as Gaeilge, as Béarla agus as Polainnis, chomh maith le filíocht in onóir Sheoirse a cumadh le Máire Ní Chuinn agus Stiofán Ó Direáin.

Ivor Ferris

LE CLÁR NÍ CHNÁIMHSÍ

Is eagraíocht chultúrtha í Cumann Gaelach Chnoc na Rós atá lonnaithe i nDoire Cholm Cille. Is fear darbh ainm Ivor Ferris, as an cheantar sin i nDoire a chuaigh ina bun i 1988 agus a fuair tacaíocht agus cuidiú ó scaifte díograiseoirí de chuid an chultúir. Buníodh é mar eagraíocht phobail le buntáistí oideachasúla na Gaeilge agus an chultúir Ghaelaigh, chomh maith leis an ealaíon agus leis an cheird Ghaelach a chur chun cinn, agus le freastal ar an éileamh ar chúrsaí foirmeálta a bhí ag fás ag an am. Ó cuireadh ar bun é tháinig méadú as cuimse ar réimse na n-imeachtaí a eagraíonn sé agus ar líon na ndaoine a bhfuil baint dhíreach acu leis.

Bhí Ivor mórtasach as an obair thrasphobail a rinne sé agus a fhealsúnacht maidir le comhionannas deiseanna. D'oibrigh sé le himeachtaí cultúrtha a thabhairt amach as saol na polaitíochta agus isteach i saol an oideachais agus na heacnamaíochta. Ó shin d'eagraigh an Cumann imeachtaí de chineálacha difriúla agus mheall aoisghrúpaí éagsúla, chomh maith le daoine ón dá phobal. Bhain Ivor clú amach trína thionscnamh trasteorainn agus trasphobail darbh ainm 'Eachtra Chultúrtha' a thug na céadta páiste le chéile ó bhí 1998 ann. Tá 'Eachtra Chultúrtha' ag iarraidh an oidhreacht chultúrtha atá i bpáirt againn a chur chun cinn, ag amharc ar dhifríochtaí ar bhealach atá dearfach agus dúshlánach. Ba mhian le Ivor buanseasmhacht a chur chun cinn ionas go mbeidh muinín againn as a bhfuil i ndán dúinn le chéile san am atá le teacht.

Ní raibh an Cumann ar a cosa i

Ivor Ferris ag fáil aitheantais ó Mhéara Chathair Dhoire dá thionscnamh 'Eachtra Chultúrtha' gceart nuair a rinne Ivor an turas den chéad uair riamh go Gleann Cholm Cille le baill eile den Chumann chun freastal ar chuid ranganna Oideas Gael. Is iomaí rang maidine a chaill Ivor tar éis oícheanta pleisúrtha i dTigh Bhiddy agus dTigh Rabhartaigh! Bhí dúil mhilteanach aige sa cheantar sin agus sa sárobair a bhí ar siúl in Oideas Gael agus d'amharc sé ar na féidearthachtaí chun comhoibríu le Liam Ó Cuinneagáin ar thionscnaimh faoi leith. Is ceann acu siúd an 'Colmcille Semester'. Bhí seal dá bhlianta caite ag Liam ag obair le hOllscoil Wisconsin Milwaukee ag an am agus rinneadh socrú chun athrach a dhéanamh ar an tionscnamh agus go gcaitheadh scoláirí as an Ollscoil sin tréimhse ama i gcathair Dhoire tar éis dóibh seal a chaitheamh i nGleann Cholm Cille. Tá an 'Colmcille Semester' ag dul ó neart go neart ó shin agus meadú ar líon na scoláirí a ghlacann páirt sa chlár seo gach bliain.

Tar éis tinnis ghoirid fuair Ivor bás i 2005, ar dheis Dé go raibh a anam dílis! Is mór an chailliúint é do chathair Dhoire, dá bhean chéile, Pauline agus dá cheithre mhac clainne, le cois a dhlúthchairde agus foireann an Chumainn. Níl dabht ar bith ach gur cailleadh duine a raibh fís

faoi leith aige agus cumas aige comhoibríu le daoine, agus leis an aos óg go hairithe. Chreid Ivor go mór sa seanfhocal clúiteach 'Mol an óige is tiocfaidh sí'.

Chun a ómós a chur in iúl dó bhronn Liam Ó Cuinneagáin 'Scoláireacht Ivor Ferris' ar an Chumann gan mhoill tar éis bhás Ivor chun ceiliúradh agus chun cuimhneachán a dhéanamh ar shaol agus ar shaothar Ivor. Is scoláireacht iomlán í seo chuig cúrsa in Oideas Gael agus bronntar í ar dhaoine as ceantar Dhoire gach bliain. Bíonn ráchairt mhór ar an scoláireacht seo mar gheall ar líon na ndaoine as Cumann Gaelach Chnoc na Rós Doire a dhéanann freastal ar chúrsaí Oideas Gael gach bliain.

An Modh Díreach: Scéalta Aduaidh Ó Ghleann Cholm Cille 2009

CRÍONA NÍ GHAIRBHÍ

Ag Súil

'Tá mé ag súil,' arsa an bhean scothaosta liom maidin amháin.
'B'fhéidir gur ag siúl atá tú?'
'Sea, ag súil.'
Litrigh mé an dá fhocal agus mhínigh mé an difríocht eatarthu le mím láidir, ag siúl cúpla coiscéim agus ag ligint orm go raibh bolg an-mhór orm agus páiste á bhogadh agam im bhachlainn. D'fhéach sí orm go grinn. Ba léir nar thuig sí an gheamaireacht. Tar éis cúpla sár-iarracht eile, bhailigh mé liom. Tá sí fós ag súil.

Ar Ifreann

'Bhí mé ar Ifreann inné,' dúirt bean eile liom.
Rinne mé domhainmhachtnamh:
'An amhlaidh gur ar Aifreann a bhí tú?'
'Sea, ar Ifreann,' ar sise.
Thosaigh mé athuair.
'Féach anois, téann daoine ar Aifreann i séipéal ar an Domhnach.'

Bheannaigh mé mé féin agus chuir mo dá lámh le chéile le cur in iúl go rabhas ag guí: 'Sin Aifreann,' – agus béim á chur agam ar an A tosaigh – 'Ifreann – tá sé sin thíos faoin dtalamh agus deirtear go mbíonn an diabhal agus na sluaite diabhlaíní ann ag céasadh agus ag ciapadh na marbh peacach go deo na ndeor.' D'amharc sí orm. 'Ifreann,' ar sise arís.

D'éirigh mé as mar scéal.

An Francach Óg

Bhí dream Gaeilgeoirí istigh sa tigh tábhairne, mise ina measc. Chuir mé caint ar François agus d'fhiafraigh mé de cén fáth gur tháinig sé go dtí an gleann seo.

'I am in my apartment in Paris and I see on the internet that this beautiful Irish language is dying. I think this will not happen because I will go to Ireland and help save this language. So I am here.' ('Tá mé 'mo shuí im árasán i bPáras na Fraince agus chím ar an idirlíon go bhfuil teanga ársa seo na Gaeilge ag fáil bháis. Dúirt mé liom féin nach dtárlóidh seo mar go rachaidh mise go dtí an tír seo, Éire, agus cabhróidh mé leis an teanga a shabháil. Mar sin de tá mé anseo.')

Samurai i nGleann Fhinne

Tháinig an bhean díograiseach áirithe seo ag siúl liom cois abhainn na Finne. Dúirt sí liom, trí gheaitsí, 'Tá snámh Samurai, ' agus chaith sí a lámh dheas thar a gualainn le cur in iúl go raibh an eachtra thart.

Níor thuig mé 'snámh Samurai' agus chuir san mearbhall orm ar feadh trí lá. Cén bhaint a bheadh ag Samurai ón tSeapáin le baile beag mar Ghleann Fhinne i dTír Chonaill? Ansin, bhuail smaoineamh go tobann mé: bhí sí ag snámh in abhainn na Finne an Samhradh roimhe sin.

An Modh Coinníollach

Bhí dream mór againn ag ithe dinnéir, idir Ghearmánaigh, Fhrancaigh, Mheiriceánaigh, Shasanaigh agus Éireannaigh i nGleann Fhinne tráthnóna amháin. Bhí fíon bán agus fíon dearg ar an mbord. Dúirt an bhean leathanbhrollaigh seo, Bríd,

'Is fearr liom fíon bán ná fíon dearg nuair a bhím amuigh ag ól, mar dá ndoirtfinn é ar T-léine bhán mar atá orm anois bheadh sé ceart go leor. Dá ndoirtfinn fíon dearg ar an T-léine, bheadh orm í a bhaint díom láithreach bonn.'

Níor thuig na stróinséirí an scéal. Thóg bean áirithe uirthi féin an scéal a mhíniú:

'Bríd is going to take off her t-shirt.' Leath na súile uilig agus scairt chuile dhuine amach ag gáire.

Tháinig luisne i leicne Bhríde.

'I only said IF,' a dúirt sí –' if I spilled red wine on my t-shirt, I would have to go upstairs and change immediately. There's such a thing as an Modh Coinníollach.'

Leanadar orthu ag síorgháire.

Físeoir – agallamh

A RINNE CRÍONA NÍ GHAIRBHÍ LE SEÁN Ó HEARÁIN, CO DHOIRE

Tá an tEaránach ar dhuine den lucht tacaíochta is dílse, díograisí: déanann Críona Ní Ghairbhí cur síos anseo ar an duine agus a chuid cuimhní

Rugadh agus tógadh Seán Ó hEaráin i gContae Dhoire. Nuair a bhí sé ar laetha saoire lena chlann sa Spáinn uair amháin, bhuail Gearmánach leis ar an dtrá a labhair Gaeilge leis. Baineadh geit as Seán agus chinn sé ar an bpointe boise go bhfoghlaimeodh sé a theanga dhúchais féin. Bhunaigh sé ranganna damhsa agus ranganna Gaeilge i Dhoire, sa bhliain 1972. D'inis sé scéal greannmhar dom faoin mhúinteoireacht chéanna: bhí sé ag múineadh rang amháin ar feadh dhá bhliain sula bhfuair na daltaí amach nach raibh an léitheoireacht aige de bharr na disléisce. Bhí sé féin ag múineadh Gaeilge faoi dheireadh i dTeach an Chomair, i gClóidigh, i Machaire Rátha agus i mBaile na Croise. Mhúin sé a chéad fhocal i nGaeilge do chara leis atá ag triall ar Oideas Gael ó shin. Agus é ag foghlaim leis, thosaigh sé ag labhairt Gaeilge lena iníon bheag sa chliabhán chun cleachtadh a fháil, agus, mar a dúirt sé féin, 'Bhí fhios agam nach bhféadfadh sí labhairt ar ais liom ná mé a cheartú.' (Tá an teanga ar a toil aici siúd anois.)

Sa bhliain 1985 chonaic sé fógra i bpáipéar nuachta, faoi Oideas Gael agus faoi chúrsaí i nGaeilge i nGleann Cholm Cille, agus thug sé féin agus a chara aghaidh ar Thír Chonaill. Cuireadh na cúrsaí ar siúl an t-am san sa tseanscoil náisiúnta i nGleann Cholm Cille agus ní raibh ach cúrsa amháin ann. Níor nós le muintir an Ghleanna Gaeilge a labhairt leis na cuairteoirí mar b'fhéidir gur cheap siad nach raibh a gcuid Gaeilge féin maith go leor, dar le Seán. Chuaigh na scoláirí Tigh Bhidí gach oíche ag lorg ceoil agus cainte agus óil. Tá Seán ag dul go dtí an Gleann ar feadh seachtaine gach bliain ó shin agus

Fionnuala Nic Carthaigh, Seán Ó hEaráin agus Michéal Ó Maolagáin.

Ciotaí Sheáin Uí Chuinneagáin le Seán Ó hEaráin.

téann sé féin agus roinnt eile des na daoine go Gleann Fhinne, gleann beag galánta idir sléibhte na gCruach Gorm, a bhfuil an Ghaeilge ina teanga phobail i gcónaí ann. Mhúineadh Seán na seandamhsaí ar chúrsaí Oideas Gael ann agus bhíodh neart ceoil agus siamsa le fáil ansin i dtólamh. Is cuimhin leis gur cuireadh Féile an Oireachtais ar siúl i nGleann Cholm Cille i 1989 agus rinne san an-mhaitheas don Ghleann agus don Ghaeilge mar go bhfacthas go mbeadh turasóirí agus airgead ag teacht as san. Ansin, tháinig an tUachtarán, Máire Mhic Giolla Íosa, go dtí an Gleann i 1998 agus chuidigh sin go mór le gradam agus stádas mar láthair Ghaelach an Ghleanna a dhaingniú. Tá an tUachtarán ag freastal ar Scoil Shamhraidh bhliantúil Oideas Gael ann ón uair sin.

Is duine lách, dúthrachtach é Seán Ó hEaráin. Is léir dom féin go bhfuil grá thar cuimse aige dá theanga dhúchais agus nach ligeann sé caoi ar bith uaidh chun an teanga a chur chun cinn. Cabhráionn sé le muintir na gcúrsaí i ngach slí dar féidir i rith an ama, cuir i gcás, ag tabhairt síobanna do dhaoine go Gleann Fhinne, Baile Átha Cliath, Doire agus ní fios cá háit eile, agus cuireann sé ar fáil lóistín in aisce do chuairteoirí a bhíonn ag

teacht ag foghlaim na Gaeilge go Gleann Cholm Cille, ó thíortha i bhfad i gcéin. Fear an-éirimiúil go deo é Seán, agus é dathúil, cneasta lena chois san. Ach is é an ní is láidre i m'aigne faoi ná an mana atá aige: 'Déan rud éigin maith ar son na Gaeilge gach lá.'

Seán Ó hEaráin le Críona Ní Ghairbhí agus Bríd Ní Chléirigh.

Cúig Bliana is fiche de Oideas Gael

LEIS AN DR OIRMH.
ERIC CULBERTSON

Is onóir mhór dom cuireadh a fháil scriobh sa leabhar seo, leabhar a cheiliúrann cúig bliana is fiche den choláiste seo. Rugadh agus tógadh mé i nDún Éideann in Albain. Mar sin, nuair a bhí mé óg, níor fhoghlaim mé an tseanteanga ar scoil, cé go raibh suim agam i gcónaí i dteangacha. Bhí fios agam go raibh Gàidhlig na hAlban ag mo shin-seanathair agus bhí mé cinnte go raibh Gaeilge ag mo shin-seanmháthair as Tír Chonaill. Nuair a bhí mé ag déanamh staidéir ar an diagacht agus teangacha na Eabhraise agus na Gréigise in Ollscoil Oxford sna seachtóidi thosaigh mo shuim freisin sa teangacha Ceilteacha. Cheap mé go raibh siad álainn, ceangailte le ceantair ina raibh radharcanna den scoth, iarthar na hÉireann agus Garbhcríocha na hAlban, iad fós beo agus bhí baint ag mo theaghlach leo. Rinneadh ministéar agus reachtaire in Albain agus i Sasana díom sna laethanta sin. Ach bhog mé féin agus mo bean chéile agus mo bheirt iníonacha go hÉirinn

Ní bheidh mo leithéid arís ann!

Máire Ní Néill leis an Dr Oirmh. Eric Culbertson.

cúig blana déag ó shin.

Thosaigh mé ag dul go dtí ranganna oiche in ollscoil na Ríona i mBéal Feirste i naoi déag nócha is a ceathair. Dúirt an múinteoir go raibh coláiste den scoth i gcontae Dhún na Gall agus ba é Oideas Gael an t-ainm a bhí air. Thainig mé anseo agus uaireanta tagaim achan bhliain. Is ait an-speisialta é. Tá an mhúinteoireacht ar chaighdean an-ard. Tá na muinteori anachairdiúil agus tá tú ábalta bualadh le daoine as gach ceantar den domhan. Bhúnaigh beirt an-thabhachtach agus iontach – Dr Seosamh Watson agus Liam ó Cuinneagáin – Oideas Gael. Bhuail mé leis an Dr Watson ó am go ham agus is scolaire mór é agus duine umhal, cairdiúil freisin. Bhuail mé le Liam i

gcónaí nuair a bhí mé i nGleann Cholm Cille agus b'inspioráid dúinn uile é lena dhíograis, a chairdeas, an fhís atá aige an teanga a chur chun cinn agus daoine as gach ceantar den domhan, daoine le tuairimí éagsúla maidir le polaitíocht agus creideamh a thabhairt le chéile agus freisin an Ghaeilge a neartú sa Gaeltacht agus in iarthar Dhún na nGall

Bhí mé féin ábalta beagán rúdai a dhéanamh le déanaí. Thug mé seanmóir in Eaglais na hÉireann i nGleann Cholm Cille uair amháin agus bhúnaigh mé seirbhísí as Gaeilge a tharlaíonn achan bhliain san Ardeaglais (Eaglais na hÉireann) in Ard Mhacha Lá Fhéile Pádraig. Ni raibh seirbhísí ar bith sa Ghaeilge san Ardeaglais riamh sular bhúnaigh mé iad in dhá mhíle is a haon. Ní bheinn ábalta ag na rudaí sin murach Oideas Gael. Mar sin, comghairdeas le hOideas Gael, ádh mor don todhchaí agus go mbeannaí Dia sibh uilig!

Séamus de Creag

Duine uasal díograiseach, pléisiúrtha é Séamus de Creag de na sean-Ghaeil a bhíodh ag freastal ar imeachtaí bliantúla Oideas Gael ó na séasúir tosaigh. Tá 90 bliain slán aige i mbliana agus é beo, beathaíoch, mar is léir ón alt seo. Guíonn gach duine ag Oideas Gael sláinte agus gach rath air, agus ar a dheartháireacha Art agus Stiofán a bhí inar gcuideachta anseo fosta.

Labhair Gaeilge agus seoltar isteach i bParthas tú le Penny Caster ón Red Deer Advocate Dé Céadaoin 7 Eanáir (LIFE lgh B2-3)

Ar leas d'inchinne atá sé teanga nua a fhoghlaim – agus cá bhfios nach mbeidh sé ina chuidiú agat comhrá a dhéanamh le Naomh Peadar.
(Penny Caster, tuairisceoir de chuid LIFE. Seosamh Watson a chuir Gaeilge air).

Tá ábhar amháin ar a laghad ann le Gaeilge a fhoghlaim, a deir Séamas de Creag, ar múinteoir Gaeilge é féin. 'Nuair a gheobhas tú bás agus tú ag iarraidh dul ar Neamh agus gan ach Gaeilge ag Naomh Peadar,' arsa seisean, gan a dhath de mhagadh a ligint air féin. Ach, rud is mó a bhaineann le hábhar, is bealach iontach é leis an mheabhair a choinneáil géar an aclaíocht intinne a bhaineas le teanga nua a fhoghlaim. D'fhoghlaim sé féin an Ghaeilge mar dhara teanga le linn a óige, is é ag éirí aníos i mBéal Feirste. Tá sé féin 90 bliain d'aois anois, agus, mar is léir ar an scansáil lách a dhéanann sé leis an agallóir, faigheann a intinn féin a sáith aclaíochta. Beidh an Creagach ag teagasc na Gaeilge, chomh maith le cúrsa (as Béarla) ar a dtugtar 'Stair na hÉireann don Cheilteach fiosrach' ag Ionad Seirbhísí Cultúrtha Red Deer, ag tosú ag deireadh mhí Eanáir. Le cois do bhealach a dhíol isteach sna Flaithis agus d'intinn a choinneáil aclaí sa tseanaois tá mórán cúiseanna

maithe eile ann le beagán a fhoghlaim faoin teanga ársa chéanna agus, go fiú, roinnt di a thabhairt leat.

Is é atá molta ag Jason Brinks, éascaitheoir pobail agus clár le haghaidh ealaíona teanga agus litríochta san Ionad, go mb'fhéidir go mbeadh fonn orthu siúd ar de bhunadh na hÉireann iad tuilleadh eolais a chur ar a gcultúr dúchais agus go mbeadh daoine eile ann a mbeadh turas go 'hÉirinn iathghlas oileánach' ar a n-intinn. Sa chás seo ní hé amháin go gcuirfí fáilte roimh iarracht fhónta Gaeilge a labhairt ach chuirfeadh sé le 'luach agus le pléisiúr' a leithéid de thuras. Míníonn de Creag nach raibh an teanga ar a thoil agus é ag fás aníos, ach go raibh sí le cluinstin i ngach áit timpeall air agus go rabhthas á labhairt sa bhaile an t-

Séamus de Creag le Mairéad Ennis.

Séamus de Creag agus Seosamh Watson le mac leinn.

Photo by JERRY GERLING/Advocate staff

Seamus Cregg looks back after having begun to write Happy New Year in Gaelic. Cregg teaches a class in introductory Gaelic at the Community Services Centre.

Speak Gaelic and enter paradise

Learning a new language is good for your brain — and might help you converse with St. Peter

By PENNY CASTER
LIFE reporter

There's at least one good reason to learn Irish Gaelic, says teacher Seamus Cregg.

"When you die, you want to get into heaven, and St. Peter only speaks Gaelic," he says, deadpan.

More immediately, the mental exercise of learning a new language is a great way to keep the mind sharp, he says.

He learned Gaelic as a second language in his youth while growing up in Belfast.

Now 90, Cregg's own mind obviously gets enough exercise if the good-natured verbal sparring he engages in with his interviewer is anything to go by.

Cregg will be teaching Irish Gaelic as well as a course called Irish History for the Celt Curious at Red Deer's Culture Services Centre starting at the end of this month.

Along with talking your way through the pearly gate and staying alert into old age, there are many other good reasons to learn a little both of and about the ancient language.

Jason Brink, community and program facilitator for literary and language arts with Culture Services, suggests those with Irish roots might want to get in touch with the culture, while others might be planning a trip to the Emerald Isle where a game attempt at speaking the language would not only be well-received, it would "enhance and enrich" the experience.

Cregg says while he didn't grow up speaking Gaelic, it was all around him and was spoken in the house all the time.

"I had an uncle who had to learn English," he says. But his mother had spent her youth in England and spoke no Gaelic.

Once Cregg learned his Irish in school, he then spoke it a lot, he says.

"My friends were all Irish speakers, we never talked English."

These days, besides teaching, Cregg keeps his Irish tuned up by penning critiques, in Irish, of books he reads. They are published in Ireland in newspapers that carry Gaelic columns.

Cregg, whose English still has an Irish lilt, has been in Canada "since before 1950," he says.

He was a teacher in Ontario, he says.

Then after retirement, while visiting a brother who lives in Bentley, he made the decision to move to Alberta and drove out from Ontario with his daughter.

As for his classes, they will focus on spoken Irish and include useful phrases, like: "How are you," says Cregg.

But he will also give his students written material.

Cregg says if people come out regularly to the classes: "At the end they will be reading and writing in Irish."

Please see GAELIC on Page B3

Gaelic: *Ancient language still*

◆ **From Page B2**

Gaelic, he says, is one of three ancient languages to come out of the Indian continent. The other two are Latin and Greek.

At one time there were Celts, the speakers of Gaelic, all over Europe.

"When St. Paul wrote his letter to the Corinthians, it had to be in Gaelic, because they spoke Gaelic until 700 years after Christ," says Cregg.

The Celts were the only people to ever defeat the Romans, Cregg says, making them quite unpopular with the vanquished from then on.

The Greeks, on the other hand, were very tolerant of the Celts, he adds.

Over the centuries, the Celts and their language wound up in various corners of the globe, where, like any language, it was subject to change.

These days, the Gaelic spoken in Ireland and Scotland is fairly easily understood by both countries' Gaelic speakers. The Gaelic spoken on the Isle of Man is fairly close to the Irish and Scottish varieties, too.

But it is a lot different to Welsh, Cornish and the language spoken in Brittany, in France.

As far as Ireland is concerned, the language, once under threat of being swamped by English, is making a comeback and is an official language.

In some cases, the comeback is related to government policies, in others, the credit goes to individuals who have banded together and even started their own schools.

Certain areas of Ireland, mainly scattered along the west coast, contain districts designated as Gaeltacht areas, where Gaelic is heavily spoken.

As for learning Irish in Red Deer, where there is not much of an Irish community and no call for knowledge of the language — Cregg would like to change that with the formation of an Irish club. It could be a place for like-minded folk to gather and of course, speak Gaelic together.

Irish Gaelic classes, for adults, with Seamus Cregg run on Tuesdays, 7-8:30 p.m. Jan. 27 to March 17 at the Culture Services Centre. Cost is $69. Course #37131.

Irish History for the Celt Curious, for adults, runs on Thursdays, 7-8:30 p.m. Jan. 29 to March 19. Course #37132.

For registration information on the Winter 2009 Community Services Activity and Program Guide, go to www.reddeer.ca/lookinbook or call Recreation, Parks and Culture at 403-

léamh aige. Foilsítear iad seo in Éirinn sna nuachtáin is sna hirisí a bhfuil colúin Ghaeilge acu. Tá blas na hÉireann ar chuid Béarla an Chreagaigh a deir linn gur tháinig sé a chónaí i gCeanada roimh 1950. Chaith sé a shaol mar mhúinteoir in Ontario agus ansin, i ndiaidh dó dul ar an phinsean, le linn dó a bheith ar cuairt ag deartháir dá chuid i mBentley, chinn sé ar aistriú go hAlberta agus thiomáin sé anall ó Ontario i gcuideachta a iníne.

I dtaca lena chuid ranganna de, beidh siad ag díriú ar labhairt na Gaeilge agus féadfar bunabairtí gnácha a fhoghlaim ann mar 'Cad é mar tá tú?' Ach déanfaidh sé ábhar scríofa a sholáthar dá chuid mac léinn fosta. Is é an dearcadh atá aige go bhfuil sé níos tábhachtaí dóibh an méid a chuirtear ar fáil a fhoghlaim go maith ná iarracht a dhéanamh

barraíocht a bhrú isteach in ocht gcinn de sheisiúin. Is é a mhaíos Séamus má leanann daoine orthu ag freastal ar na ranganna go rialta go mbeidh léamh agus scríobh na Gaeilge acu i ndeireadh na dála. Tá an Ghaeilge, a deir sé, ar thrí cinn de theangacha ársa a tháinig ón Ilchríoch Indiach, teangacha ar a n-áirítear an Laidin agus an Ghréigis fosta. Bhí an t-am ann a raibh na Ceiltigh, sinsir na nGaeilgeoirí, le fáil ar fud na hEorpa. 'Nuair a scríobh Naomh Pól a litir chuig na [Galataigh] b'éigean [í a aistriú] go [Ceiltis] mar labhair siad an teanga sin go dtí 700 bliain i ndiaidh Chríost,' a deir sé. Ba iad na Ceiltigh an t-aon chine a bhuaigh riamh ar na Rómhánaigh, rud a d'fhág go raibh an nimh san fheoil acu seo dóibh go brách. Os a choinne sin, dar leis, níor chuir na Ceiltigh isteach ná amach ar na Gréagaigh.

In imeachtaí na gcéadta bliain tharla gur thug na Ceiltigh a dteanga leo go dtí páirteanna éagsúla den domhan mar a ndeachaigh athruithe i bhfeidhm uirthi, rud a tharlaíos do theanga ar bith. Sa lá atá inniu ann ní chuireann sé stró rómhór ar chainteoir Gaeilge as Éireann Gaeilge na hAlban a thuiscint, agus a mhalairt go cruinn, ná níl Gaeilge Oileán Mhanann ró-éagsúil le teangacha an dá thír sin ach

oiread. Ach tá difríocht shuntasach idir iad sin agus an Bhreatnais, an Chornais agus an teanga a labhartar sa Bhriotáin atá ina cuid den Fhrainc inniu. In Éirinn tá an teanga a raibh bagairt mhór ón Bhéarla uirthi roimhe ag teacht chuici féin anois agus tá stádas aici mar theanga oifigiuil. I gcásanna áirithe is féidir an biseach a chur síos do pholasaithe rialtais agus i gcásanna eile caithfear an chreidiúint a thabhairt do dhaoine ar leith a bhíonn ag obair i bpáirt le chéile agus, ar uairibh, a bhunaigh scoileanna a bhfuil an Ghaeilge mar mheán teagaisc iontu. Tá ceantair, atá scaipthe ar chóstaí iarthar na hÉireann den chuid is mó, a bhfuil limistéir ar leith iontu ar a dtugtar Gaeltachtaí agus labhartar an Ghaeilge iontu seo mar ghnáth-theanga laethúil an phobail.

Más fíor nach bhfuil pobal mór Éireannach i Red Deer ná éileamh ró-mhór ar an teanga tá rún ag de Creag sin a chur ina cheart agus Club Éireannach a chur ar bun: áit a bheadh ann a mbeadh faill ag daoine a raibh na haidhmeanna is na spéiseanna céanna acu cruinniú le cheile agus, ar ndóigh, Gaeilge a labhairt le chéile. Gach eolas ag: www.reddeer.ca/looknbook.

CUID VI

An Fhoireann

Cad é an Ghaeilge ar *serendipity*?

Liam Ó Cuinneagáin

Mise a bhí i mo shuí in aice na fuinneoige i dteach mo thuismitheoirí, i bhfómhar na bliana 1974, nuair a tháinig cnag ar an doras. Fear féasóige ag cuartú m'athar a bhí ann agus thug mé cuireadh dó a theacht isteach le fanacht go dtiocfadh sé abhaile. Shuigh sé go ciúin sa chóirnéal agus mise ag gabháil do mo leabhar

gramadaí. Mhínigh mé dó go raibh orm gramadach a fhoghlaim le cinntiú go dtabharfaí cead domh tús a chur leis an chéim BA i gColáiste na hOllscoile, Baile Átha Cliath, mar gur mháigh ceann na Roinne ann nach raibh mórán den ghramadach ag bunadh Thír Chonaill agus iad ag teacht chun na hollscoile. Is le miongháire a mhínigh Seosamh Watson go raibh sé féin ar fhoireann na Roinne céanna agus go mbeadh sé sásta cuidiú linn an barr feabhais sin a bhí a dhíth, a chuir ar ár gcuid Gaeilge binne Ultaí!

Ba as an chuairt sin a tháinig an caidreamh idir Seosamh Watson, mo mhuintir féin agus pobal an Ghleanna. Bhí muid uilig buartha faoi chreimeadh na Gaeilge sa cheantar agus is iomaí straitéis a phléigh muid

le hiarracht a dhéanamh an taoide a chasadh. Shocraigh Seosamh le Gearóid Denvir, a bhí ina léachtóir san Ollscoil leis agus i gceannas ar Choláiste Chamais, go rachfainn ag teagasc ansin le ceird na gcoláistí samhraidh a fhoghlaim sa dóigh go dtiocfaidh linn ceann a thosú sa Ghleann. Tháinig Gearóid aníos linn, oíche gharbh i lár an gheimhridh le labhairt leis na mná tí agus spreagadh a thabhairt leis an chéad fhiontar a thosú. Mhair Coláiste Ghlinne dhá bhliain (1977 agus 1978) ach, ar chúis amháin agus ar chúis eile, níor leanadh ar aghaidh leis cé gur thacaigh muintir an cheantair linn go fial, flaithiúil.Tháinig casadh sa scéal, beagán blianta ina dhiaidh sin, nuair a d'iarr cara liom, Finín Mac an Bhaird as Teileann, orm cuidiú leis agus é ag teagasc Gaeilge do ghrúpa daoine fásta i gCluain Dolcáin. Bhain mé sult an domhain as sin agus lean mé féin ag múineadh mórán ranganna do Ghael Linn ar feadh na mblianta ina dhiaidh. Chuir an saothar seo Seosamh agus mé féin ag smaoineamh

Liam Ó Cuinneagáin ar bheagán cabhrach.

*'An aisling á breith'
Liam Ó Cuinneagáin.*

ar ais agus shocraigh muid iarracht a dhéanamh cúrsa do dhaoine fásta a thosú sa Ghleann. Ba thionscnamh é ar chuir an tAthair Mac Daidhir agus an Sagart Éamonn Ó Gallchóir spéis ann de bharr go rabhthas i ndiaidh scoileanna samhraidh a eagrú sa phobal i réimsí eile roimhe seo.

Chaith muid mórán ama ag scaipeadh an scéil; scríobh muid fhad le achan duine ón cheantar a bhí ina gcónaí thar sáile agus tá cuimhne mhaith agam gurbh é Des Rushe san Irish Independent a thug an chéad chlúdach sna meáin chumarsáide dúinn. D'fhreastail 34 mac léann an chéad bhliain sin .i. 1984. Tháinig níos mó ná leath acu as Éirinn féin agus an chuid eile as Sasana, Albain, an Bhreatain Bheag, Meiriceá agus Ceanada. D'fhan siad le teaghlaigh an cheantair agus thiocfaí a rá nár fhéad siad Gaeilge ní b'fhearr na fáilte ní ba fhlaithiúla a fháil i bpobal ar bith eile

sa tír. Tá cuid de na daoine a tháinig an bhliain sin ar shlí na fhírinne anois ach, buíochas do Dhia, a mórchuid linn go fóill; ba í an Ghaeilge an t-ábhar a cheangail iad uilig le chéile, agus is fíor-Ghaeil a bhí iontu go smior.

Sna chead blianta úd b' i Scoil an Chaisil agus i Halla Muire a bhíodh na ranganna againn; theagasc muid Gaeilge ar maidin, ceardaíocht agus turais áitiúla sa tráthnóna agus bunadh na háite istigh againn achan oíche ag gabháil don seanchas, don amhránaíocht agus don cheol. Tchím go fóill Aodh Ó Baoill, as Mín na Saileach ('Hughie Mhín na Saileach') ag siúl anuas chun na scoile le m'uncail féin, Proinsias Mac

Fhionnghaile ón tSaobh, mo mháthair Bríd agus cairde eile s'acu agus ag iad ag roinnt a gcuid saibhris teanga leis na scoláirí a bhí á shú isteach go díograiseach.

Insna blianta sin, ní raibh ach Gaeilge le cluinstin trasna an bhealaí mhóir i dTeach Bhríd Mhic Seáin. Bhíodh Bidí í féin ar thaobh thall an chúntair agus bunadh na háite ag caibidil i nGaeilge bhinn an Ghleanna. Tá na cairde sin uilig, Proinsias Mac Cuinneagáin, Bearnard Ó Baoill, Seán Ó hÍghne agus go leor eile, ar shlí na fírinne fosta. Níor bhris éinne acu an slabhra teanga a bhí acu a chuaigh siar na céadta bliain agus is iad a bhí sásta na 'strainséirí' a fheiceáil á foghlaim.

An Seanadóir John Robb agus Liam Ó Cuinneagáin.

Scoláirí a ghlac páirt i gcruinniú an Atlas Linguarum Europae agus First Symposium on the Spoken Celtic Languages i bhForas Cultúir Uladh, 1993.

'Bailíonn brobh beart'

SEOSAMH WATSON

OIFIG FÁILTE: tá mé ag déanamh gurb í sin an chéad abairt i nGaeilge dá bhfaca mo shúile riamh agus í curtha in airde os cionn siopa ag bun Bhóthar na bhFál i mBéal Feirste, mo bhaile dúchais: is beag a shíl mé an uair sin go mbeadh teanga an fhógra sin ar mo thoil agam san am a bhí le teacht agus ceangal agam le heagraíocht a rachadh i dtús cadhnaíochta léi sa turasóireacht chultúrtha. Ar ndóigh, mar ghnáthbhuachaill scoile ag freastal ar mheánscoil Phrotastúnach, 'Inst', i lár na cathrach an uair úd bhí mé dall ar fad ar an Ghaeilge, nó bhí tábhacht cuid de lucht freastail agus tacaíochta na scoile sna blianta fadó, mar an Dr Séamas Mac Domhnaill, an tUrr. Samuel Neilson agus, go háirithe, Roibeárd Mac Ádhaimh, i dtaca le himeachtaí agus athbheochain na Gaeilge ó thuaidh ceilte orm féin agus ar lucht m'acadaimh i gcoitinne.

Agus mé ag meabhrú ar na nithe ba chúis le mo chasadh i dtreo na Gaeilge ina dhiaidh sin, aithním anois gur na scórtha rud beag a bhí i gceist, seachas fís Dhamascais ar shlí na hóige: rudaí mar an liosta logainmneacha Gaeilge i gcúl leabhráin bhliantúil YHANI (Cumann Bhrúnna Óige Thuaisceart Éireann) a chuir a smaoineamh mé ar oidhreacht thírdhreach mo chúige féin; filíocht Bhéarla na hÉireann agus múinteoir scoile (John Boyle, a ndearnadh ollamh ollscoile ina dhiaidh sin de i mBrunswick Nua) a bhí ábalta ar cheangal chúlra na ndánta leis an Ghaeilge a léiriú; Michael J. Murphy ag tabhairt léargais ar chuid den bhéaloideas Chúige Uladh ar an BBC; agus scéalta Patricia Lynch ar Children's Hour an stáisiúin chéanna. Bhí ciall go leor agam don Ghaeilge le go mbínn ag éad le mo chomhscoláirí eile ar an bhaile a bhí ag freastal ar na scoileanna úd a raibh an teanga á teagasc iontu; ach ní raibh fail agam

Somhairle, Seosamh, Meirwen, Darach agus Rhiannon Watson le Gearóidín Ní Dhónaill (2ú c.) agus Bernardine Nic Giolla Phádraig (d.) taobh amuigh de theach Bhidí J. 1987

Seosamh Watson ag triall ar Ghleann Fhinne lá dá raibh.

Beirt Fheirsteach le chéile Cathal Goan, aoichainteoir na Scoile Samhraidh le Seosamh Watson.

móran di a chluinstin go dtí go ndeachaigh mé ar turas staidéir go Dún na nGall le buíon bheag daltaí a bhí ag díriú ar Anabasis IV de chuid Xenophon a bhí ar churraclam an Teastais Shóisearaigh ó thuaidh ag an am. (Duine rí-spéisiúil a casadh orm le linn an turais úd Aindrias Mac Dónaill, múinteoir sa Choláiste Meitidisteach i mBéal Feirste, a bhí i mbun astair dá mhacasamhail le buíon daltaí óna scoil féin. Cara mór ab ea Aindrias don bhéaloideasóir iomráiteach, Seán Ó hEochaidh, fear a d'aithris dom ina dhiaidh sin cuid d'éachtaí rothaíochta Aindriais ar fud an chontae – ach b'é a chumas Gaeilge ba mhó a bhí ag cur iontais orm san am, agus é ina mhúinteoir i scoil nach mbeifí ag súil lena leithéid ann.) Bíodh go ndearna an t-oide ó Inst a bhí ár dtreorú-na ar fud iargúltacht Thír Chonaill san am, an Dr Hugh Fay, a dhícheall m'aird a choinneáil ar shaothar an tseansaoil Ghréigigh caithfidh mé a rá gur mó i bhfad an tsuim a bhí mé ag tosú a chur sa Ghaeilge álainn, bheo a chuala mé á labhairt i ngach aon áit ar an turas céanna ó Ros Goill go Teileann agus ó Fhánaid go Gaoth Dobhair, rud a d'fhág gur shocraigh mé iarracht a dhéanamh nuair a d'fhillfinn abhaile an teanga a fhoghlaim – as leabhar! Ar an ábhar sin ba ghairid gur iarr mé ar

m'athair leabhar féinteagaisc a thabhairt ar ais chugam ó Bhaile Átha Cliath, agus é ag triall ar chruinniú ceardchumainn ann. Ní miste dom a rá, cibé sin de, nár mhór an fháilte a chuir mé roimh an leabhar a bhí ar ais leis fá mo choinne, mar a bhí An Caighdeán Oifigiúil: Litriú agus Gramadach, agus mé gan focal Gaeilge i mo cheann ag an am!

In ainneoin chathuithe na Ceiltise, lean mé orm tamall eile ar bhóthar na Sean-Chlasaicí; ach ní slí a bhí ann gan mórán dá taitneamh féin a bheith aici, mar bhí dúil mhillteanach ag mac Uí Fhathaigh sa drámaíocht, rud a d'fhág go raibh deis agam páirt a ghlacadh i ndá dhráma .i. Agamemnon le hAeschylus agus An Dyskolos le Menander á léiriú againn ar fud Shasana agus na hÉireann sa bhun-Ghréigis. Agus sinn i nGaillimh tráth, le tacaíocht Mhairéad Ní Imhigh, ollamh le Gréigis i gColáiste na hOllscoile ann, fuair muid cead an dara dráma acu sin a chur ar stáitse sa Taibhdhearc. Mar sin de, is féidir liom a mhaíomh go bhfuil mé féin ar an bheagán daoine a rinne aisteoireacht riamh (más í a bhí ann!) as Sean-Ghréigis san institiúid uasal chéanna. D'aithin Mairéad chóir ar an toirt an spéis mhór a bhí agam sa Ghaeilge agus rinne sí a dícheall í a chothú:

mar bhronntanas Nollag an bhliain úd cad é a fuair mé tríd an phost uaithi ach An Draoidín le Séamas Ó Grianna agus Iníon Rí Dhún Sobhairce le Séamas Ó Néill – tíolacadh chomh hoiriúnach dom féin ag an am agus a d'fhéadfadh a bheith: saothair Ultacha araon, an dara ceann lán seanchais agus an ceann eile lomlán comhrá. Lean mé féin is an tOllamh Mairéad orainn ag malartú cártaí Nollag lena chéile i nGaeilge fad na mblianta a mhair sí ina dhiaidh sin – solas na bhFlaitheas dá hanam uasal, fial!

Mar thoradh ar bhóthar aonaránach an fhéinfhoghlaimeora a roghnú i dtosach ama, is rí-leir dom anois na deacrachtaí a chuireann an Ghaeilge sa bhealach ar a mhacasamhail. Gan trácht ar Shéimhiú, Urú ná a leithéid – na hathruithe tosaithe míchlúiteacha atá le fáil i ngramadach na Gaeilge, gné den ghramadach ar a dtugann an teangeolaí John McWhirter 'a dammit factor' ina leabhar iomráiteach, The Power of Babel, cuimhním go fóill ar an chonstaic ba mhó dá raibh agam agus mé ar bhóthar úd an fhéinteagaisc, mar a bhí litriú agus fuaimniú na Gaeilge a cheangal is a chur in oiriúint dá chéile. Ba bheag an treoir sa réimse sin a bhí le fáil i leabhar ar bith dár tháinig mé trasna air an uair úd, amach ó shaothar áirithe a d'aimsigh mé i siopa leabhar gleoite Ambrose Serridge i Sráid an Chaisleáin i mBéal Feirste, Gaeilge sa mBaile I & II, a raibh córas tras-scriofa 'foghrúil' ann a chuirfeadh Gaeilge Mhanann i do chuimhne. Ach ceacht luachmhar a bhí le foghlaim ón saothar céanna gurbh ann do thrí réigiún canúna sa teanga .i. M, C agus U. Ba é an 'U' ba rogha liom féin, agus tamall ina dhiaidh sin casadh gléas praiticiúil den scoth i mo bhealach a chuir mo chluas in oiriúint do Ghaeilge bhinn Dhún na nGall. Ceirnín de chuid Ghael-Linn a bhí ann, Scéalta Aduaidh, agus níor bheag an oscailt chluas dom an diofar a chluinstin ansiúd idir an fuaimniú Conallach a bhí ag Micí Sheain Néill as Rann na Feirste agus litriú molta an Chaighdeáin Oifigiúil, go hairithe i gcás focal mar bád [bwéd] agus páiste [pwéiste].

Ba cheacht tábhachtach dom an méid sin, mar léirigh sé go soiléir nárbh ionann córas fuaimeanna na Gaeilge agus a mhacasamhla i mórtheangacha na hEorpa a bhfuil taithí ag go leor daoine orthu. Chuir sé ar na súile dom chomh maith mar a bhí traidisiún labhartha na Gaeilge bunaithe ar na canúintí traidisiúnta, seachas ar leagan caighdeánta den

teanga, rud a bhfuil glacadh leis i nósanna scríofa na Gaeilge a ngéilleann an choitiantacht dóibh lenár linn. Tá tábhacht lárnach, mar sin, ag an Ghaeltacht do dhuine ar bith ar mian leis nó léi labhairt na teanga a shealbhú mar ba cheart, rud a aithnítear go soiléir i gcóras na gColáistí Samhraidh atá i ndiaidh a bheith ag feidhmiú go héifeachtach sna limistéir Ghaeltachta faoin am seo leis na glúinte anuas. Ach is 'teanglann' nó saotharlann teanga í an Ghaeltacht ar féidir le cách feidhm a bhaint aisti, agus mar is mó taithí an fhoghlaimeora ar labhairt na Gaeilge mar is mó an tairbhe a bhaineann sé nó sí as tréimhse sa Ghaeltacht. Fágann sin go bhfuil páirt thar a bheith tábhachtach ag an mhúinteoir oilte ar láthair na Gaeltachta. Tá cuimhne agam go fóill ar an chéad tréimhse seachtainí a chaith mé féin sa Ghaeltacht agus gan labhairt na teanga ach go lagmheasartha agam. Ba lúide go mór an leas a bhainfinn as an seal ceanna gan na ceachtanna sa teanga a thugadh mo bhean, Vivien, dom nó an saineolas ar chaint agus dúchas na gConallach a roinn Séamas Ó Catháin liom, fear a casadh inár slí den chéad uair ar an turas úd (samhradh na bliana 1966) agus arb éadáil nach beag ón uair sin i leith a

chairdeas caoin.

Ní beag an sásamh a thugann sé dom féin a chuaigh i mbun an teanga a fhoghlaim mar dhuine fásta gur éirigh le hOideas Gael áiseanna a chur ar fáil a bhí de dhíth go géar nuair a chuaigh mé féin i mbun na slí seo chomh fada sin ó shin; agus gabhaim mo bhuíochas pearsanta le gach duine a chabhraigh leis an bhealach a réiteach chuige, idir phobal Gaeltachta, fhoireann ghairmiúil dhícheallach an eagrais, mhuinteoirí dhíograiseacha, ardoilte agus lucht ár dtacaíochta ó chian is ó chongar – gura fada, buan a mhairfidh an turas foghlama dúinne, agus don dream a thiocfaidh inár ndiaidh!

Art de Creag le Seosamh Watson.

Ó Thosach Beag go Lán Seoil

BERNARDINE NIC GIOLLA PHÁDRAIG

Múinteoir Gaeilge agus Béarla í Bernardine agus comhúdar an téacsleabhair teanga Ardteistiméireachta Faoi lán seoil. Bhí sí ar an bhfoireann a chuir ábhar teagaisc ar fáil do chúrsa A1, Teastas Eorpach na Gaeilge. Chaith Bernardine blianta mar shaorléiritheoir/stiúrthóir teilifíse ag léiriú cláracha fáisnéise agus sraitheanna cócaireachta do TG4. Tá sí faoi láthair ar fhoireann léirithe I Witness (RTÉ1) agus múineann sí cúrsa teilifíse in Ollscoil na hÉireann, Maigh Nuad. Is Comh-Chathaoirleach í ar Mhuintir Chrónáin, Cluain Dolcáin agus ball den ghrúpa comhcheoil, Acabella.

Mí Iúil 1986, a thiomáin mé an bóthar ard isteach go Gleann Cholm Cille don chéad uair. Bhí beagán cloiste agam faoin gceantar agus mé i mo pháiste, áfach.

Chuireadh m'athair spéis i gcláracha cúrsaí reatha agus ba

chuimhin liom é ag breathnú, tráthnóna amháin, ar chlár faisnéise ar an Athair James McDyer. Ní fhaca mé féin ach giotaí den chlár – sracfhéachaintí nuair a d'amharc mé aníos ó cibé úrscéal a bhí á léamh agam ag an am: seatanna dubha agus bána d'fhear sonrach i gculaith dhubh agus bóna bán an tsagairt – tithe

ceanntuí – mná ag obair leo i monarcha chniotála – trácht ar fhorbairt phobail agus deiseanna fostaíochta, ar co-ops agus ar chúrsaí imirce. Faoin tuath a bhí an tAthair McDyer ag feidhmiú agus scileanna ceardaíochta an phobail á gcur chun cinn mar thionscal aige; pobal beag ar fhíorimeall Bhaile Átha Cliath a bhí i m'áit dhúchais-se, Cluain Dolcáin ag an am, agus geilleagar an tsráidbhaile ag brath go mór ar an Muileann

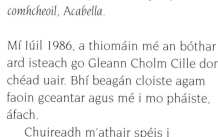

Páipéir (bhí traidisiún fada muillte páipéir sa cheantar) ina raibh m'athair ag obair. Pé ar bith é, fuair mé an t-impreisiún go raibh an-mheas ag m'athair agus ag lucht léirithe an chláir ar shaothar an cheannródaí sagairt seo.

Ní air sin ar fad a bhí mé ag cuimhneamh, áfach, agus mé ar an mbealach isteach don Ghleann an chéad samhradh sin, mo chos ar na coscáin agus mé ag seachaint na gcaorach a bhí ar chaon taobh den bhóthar - comhartha cruthanta go raibh mé éalaithe i bhfad ó fhuadar Bhaile Átha Cliath! Lig mé osna shástachta.

Thiomáin mé chomh fada leis an Tráigh Bhán agus baineadh siar asam le chomh hálainn is a bhí an dreachtíre maorga. Bhí go leor carranna thart agus cláruimhreacha ón tuaisceart orthu, roinnt bheag camper vans Fhrancacha agus Iodálacha agus corrcharr Sasanach. Bhí an rún ar eolas ag muintir an Tuaiscirt, mar sin, agus a gcuid taighde déanta ag na Francaigh agus na hIodálaigh, ba léir. Ach tuige nach raibh Gleann Cholm Cille ar liosta le háireamh na turasóireachta in éindí le leithéidí Chill Airne, Ghleann Dá Loch, An Chaoláire Rua agus Dhún Chaoin?

Ba mhaith, mar a tharla, go bhfaca mé oiread den cheantar an chéad lá úd: nuair a dhúisigh mé maidin Domhnaigh bhí ceobhrán ann a cheil na cnoic is na beanna – agus radharc eile ní bhfuaireas ar na sléibhte go dtí an lá a raibh mé ag filleadh abhaile, coicíos ina dhiaidh sin!

Ach níor bhain sin de thaitneamh an chúrsa, ná baol air. Ní raibh nóiméad nár bhain mé sult as – agus as chuile chúrsa a raibh mé páirteach ann ó sin. Tionscadal sách nua ab ea Oideas Gael nuair a tháinig mise ar bord agus ba dheacair ag an bpointe sin an rath is an borradh a shamhailt a bheadh ar an iontaobhas thar na blianta.

I mBunscoil an Chaisil a bhímís an t-am sin – agus ní bhíodh ach trí rang ann. Bhíodh grúpaí móra ó Shasana, eagraithe ag na hionaid Éireannacha i Londain, agus áiteacha eile nach iad, ag freastal ar an gcúrsa. An ghlúin sin a raibh orthu dul anonn ar thóir oibre, a d'fhan ann ar mhaithe lena gclann mac is iníonacha agus a choinnigh áit ar leith ina gcroíthe d'fhód an bhaile. Ba phribhléid domsa í aithne a chur ar an dream sin. Is cuimhin liom oícheanta airneáin den scoth in éindí leis na Gaeil seo – Laoise chaoin de Paor agus a cara Máire, Seoirse croíúil Ó Broin ina measc agus Joe Watson ina lár – ag canadh chuile amhrán beo a bhí in Abair Amhrán agus na focail de ghlan mheabhair ag a bhformhór. Thug Cáit Thompson cuireadh dom múineadh ar chúrsa deireadh seachtaine mór a bhí ar siúl in Coventry bliain amháin agus chuaigh léann, gaois ghaelach agus maorgacht na ndaoine sin i bhfeidhm go mór orm.

Ní bhíodh ranganna ann Dé Domhnaigh sna chéad chúrsaí sin. Tar éis lóin, thugaimis faoi shiúlóid (ba chuma faoin aimsir) faoi threoir Sheáin Uí Ighne thart ar na tuamaí meigiliticeacha, ar Turas Cholm Cille agus isteach go reilig Theampall Cholm Cille i lár an ghleanna.

Ó chlé:
Áine Ní Cheallaigh, Siuán Ní Mhaonaigh, Joe Ó Dónaill, Bernardine Nic Giolla Phádraig, Liam Ó Cuinneagáin, Breandán Mac Suibhne, Antain Mac Lochlainn.

Breandán Mac Suibhne agus Bernardine Nic Giolla Phádraig.

Bhíodh cúpla céilí againn i rith na seachtaine i Halla Muire agus scoth an cheoil á sheinm ag Mícheál Carr, bail ó Dhia air. Oíche Chéadaoine théimis don Chlachán i gcomhair dinnéir thráthnóna– an áit curtha in áirithe do lucht Oideas Gael agus na boird leagtha amach i bhfoirm chearnóige ionas go raibh spás don rince i lár an tseomra i ndiaidh an bhéile. Bhí (mar atá fós) pictiúr den Athair McDyer ar crochadh ar an mballa i mbialann an Chlacháin. Ba bheag nár thit an t-anam asam an chéad Chéadaoin dom sa Ghleann: shiúil an fear féin amach as leithreas na bhfear agus sheas taobh lena phortráid. Leath mo bhéal orm le hiontas – níor rith sé liom riamh go bhféadfadh laoch na ndaoine a bheith fós beo. Ní dóigh liom gur labhair mé leis an oíche sin – le teann támáilteachta agus iontais.

Bhínn ag fanacht tigh mháthair Liam, Bidí J., beannacht Dé ar a hanam dílis! agus ba í a chaitheadh go maith le cibé múinteoirí a bhíodh ann sna blianta tosaigh sin. Bhíodh orm cluas ghéar le héisteacht a chur orm féin – ní raibh taithí agam ar an gcanúint ag an am agus ní hamháin go raibh scoth na Gaeilge aici ach labhraíodh sí i sruth sciopaidh, le teann fuinnimh agus dúil i ngach rud a bhí ag titim amach faoin spéir.

Bhaineas an-sult as spleodar a pearsantachta agus d'fhoghlaim mé cuid mhór Gaeilge uaithi.

Nuair a cuireadh tús leis an tSeachtain Teanga agus Chultúir – an Scoil Samhraidh mar a thugtar anois uirthi– bhínnse i bhfeighil na ranganna rince seite. Bhíodh muintir Cho Dhoire agus muintir Bhéal Feirste go tréan sa rang. B'iontach an rud iad a fheiceáil ag filleadh bliain i ndiaidh bliana – Seán Ó hEaráin, Proinsias Mac Ainmhire, Carmel agus Séamus Ó Brádaigh, Pádraig Mac an tSaoir – ba mhór an spórt iad. D'fhágaimis doirse Halla Mhuire ar oscailt agus thagadh páistí an bhaile isteach chugainn nuair a chloisidís an ceol. Bhí sé mar nós againn cúpla rince céilí a dhéanamh leathshlí tríd an seisiún agus deis a thabhairt do na gasúir a bheith rannpháirteach. Sa lá atá inniú ann,

nuair a bheannaíonn stócaigh agus ainnireacha an tsráidbhaile dom aithním na girseachaí agus na buachaillí óga a bhíodh iontu agus tógann sé siar mé.

Is cuimhin liom go maith an glaoch a fuair mé ó Liam ag insint dom go raibh an tUachtarán, Máire Mhic Giolla Íosa, chun freastal ar an gcúrsa don chéad uair agus go raibh sé ar intinn aici a bheith páirteach sa rang seite. Rún a bhí ann go fóill a dúirt sé agus tugadh treoir dúinn 'Máire' a thabhairt ar an Uachtarán de bharr í a bheith ag freastal ar an gcúrsa mar chuid dá laetha saoire.

De bhrí go mbíodh meascán de dhaoine ó gach aird den domhan sa rang seite – cuid acu ina sárdhamhsóirí agus cuid eile gan taithí rince de shórt ar bith acu – thosaínn an chéad seisiún leis an aon-

Robbie Ó Maolalaigh
Carmel Ní
Chuinneagáin
Bernardine Nic Giolla
Phádraig
Liam Ó Cuinneagáin
Seosamh Watson

dó-trí a dhéanamh le chuile dhuine. Ansin cibé daoine gur léir dom go raibh na coiscéimeanna go maith acu d'iarrainn orthu beirt nó triúr eile a thabhairt leo agus na bunchéimeanna a chleachtadh leo. Ba léir go raibh an tUachtarán ina rinceoir maith: bhí orm anáil mhór a tharraingt sular dhúirt mé i nguth chomh nádúrtha is a d'fhéadfainn: 'A Mháire, ar mhiste leat an tsleaschéim a chleachtadh leis an triúr seo le do thoil?'.

Bhí an rang ar fad támáilte ar dtús as siocair í a bheith sa rang, muintir na hÉireann ach go háirithe. Níorbh fhada gur chuir sí féin chuile dhuine ar a suaimhneas, áfach, lena nádúrthacht agus a dúil sna damhsaí. Bhí Ostarach sa rang a chaith cuid mhaith den tseachtain sa seit chéanna leis an Uachtarán. Agus an rang deireanach ar bun, d'fhiafraigh sé di ar mhiste léi a bheith i ngrianghraf leis – bhí sé ag ceapadh nach gcreidfeadh a chairde sa mbaile go raibh sé ag rince le hUachtarán na hÉireann ar feadh na seachtaine mura mbeadh fianaise de shórt éigin aige! Sílim go raibh na hÉireannaigh ar fad an-bhuíoch dó – amach leis na ceamaraí uilig ag an bpointe sin!

Níl aon dabht ormsa ná go bhféadfadh Liam Ó Cuinneagáin a bheith ina mhilliúnaí dá roghnódh sé malairt slí seachas forbairt phobail agus cúis na Gaeilge. D'eagraigh sé seimineár ar an turasóireacht chultúrtha thiar sna hochtóidí nuair ar éigean a tugadh aitheantas don choincheap sin; agus bhí sé chun tosaigh i gcónaí ina chuid smaointe agus ina chur chuige. Maidir le cúrsaí Gaeilge do dhaoine fásta agus le cothú pobail bhreac-Ghaeltachta is léir an méid atá bainte amach ag Liam agus Joe, Siobhán agus Gearóidín.

Ach tá an curaclam ceilte chomh cumhachtach leis an gcuraclam feiceálach: gréasán Gael ar fud na cruinne; gníomhaithe teanga spreagtha agus cothaithe; úsáid shamhailteach den teicneolaíocht nua-aimseartha a shéanfadh aon mhíthuiscint a bheadh ar lucht na soiniciúlachta gur teanga dholúbtha 'sheanfhaiseanta' í an Ghaeilge. Níl aon amhras orm ach an oiread ach gur chuidigh Oideas Gael leis an mborradh coitianta atá faoin sean-nós in Éirinn le blianta beaga anuas agus gur chothaigh sé bród agus urraim don traidisiún ar fud chontae Dhún na nGall trí chomhpháirtíocht le leithéidí Lillis Uí Laoire, Ghearóidín Laighléis, Bhriain Uí Dhomhnaill agus mhuintir Thoraí ach go háirithe, gan trácht ar amhránaithe an Ghleanna féin, Seán Mag Uidhir agus Mairéad Ní Chuinneagáin ar bheirt acu. Mhaífinn freisin ar son Liam agus Joe gur chuir a gcuid oibre snáth le taipéis na cumarsáide agus na tuisceana trasphobail sa Tuaisceart nuair a bhí na Trioblóidí fós ar siúl – ábhar ailt ann féin a déarfainn.

Ós gníomhaí pobail agus teanga mé féin, tugann chuile chuairt dá dtugaim ar Ghleann Cholm Cille misneach agus léargas nua dom trí bhualadh le lucht labhartha na Gaeilge ó gach cearn den domhan. I mo shaol proifisiúnta mar mhúinteoir Gaeilge, tá mé an-bhuíoch as ucht na ndeiseanna a fuaireas chun mo scileanna sa chur chuige cumarsáideach a fhorbairt go praiticiúil. Sin, sílim, tairbhe fhíorthábhachtach atá bronnta ag fís Liam agus Joe ar shaol na Gaeilge: foireann mhór múinteoirí cumasacha a d'fhorbair a scileanna tríd an taithí a fuaireadar sa Ghleann a bhfuil a scileanna siúd tógtha ar ais sa chóras foirmeálta oideachais acu. Tá ar a laghad ceathrar den fhoireann ina gceannródaithe maidir le cúrsaí agus ábhar teagaisc d'aosfhoghlaimeoirí: Éamonn Ó Dónaill, Eithne Ní Ghallchobhair, Siuán Ní Mhaonaigh agus Antain Mac Lochlainn. Ní beag an oidhreacht í a bheith mar shruthán láidir in abhainn chultúrtha na Gaeilge.

93

Mise agus an Ghaeilge (in Oideas Gael…)

SALVATORE GIOVANNI FICHERA

Bhuel, cén rud a déarfainn? D'Iodálach, go áirithe, a bhí amaideach go leor leis an teanga seo a fhoghlaim – níos fearr, le triail a bhaint as í a fhoghlaim, is é an cheist is coitianta ná cén fáth? Cad é an sórt mallachta a bhí ort, a bhuachaill, nó an é gur chaill tú geall?

Maith go leor, le freagra a thabhairt caithfidh mé é a rá: níor chaill mé aon gheall; ní raibh cailleach ar bith ann a chuir mallacht orm fhéin. Agus, cinnte dearfa, níl mé as mo mheabhair (ní chreidim é, ar a laghad!)

Is é an rud é, lena chur chomh simplí agus is féidir liom, go bhfuil mé i ngrá leis an Ghaeilge, go raibh mé i ngrá léi ón noiméad a chuala mé a cuid fuaimeanna draíochta (gan eolas ar bith faoi dtaobh den chiall, go cinnte!), a thug mé faoi deara an fhilíocht atá i ngach focal, méid millteanach mór a cuid seanfhocal – cóngarach don mhéid mór atá againne sa tSicil – agus an ceol a ritheann le gach abairt.

Níl mé á rá go raibh sé ina 'shiúlóid éasca': an teanga dhochreidte a raibh dúil agam inti, bhí sí thar a bheith deacair. Chuir sí tuirse orm, náire ó am go chéile, agus mothaím éadóchas go minic. Agus ceann de na rudaí is mó a thug cuidiú dom cad é a bhí ann, ach Oideas Gael? OK, tá a fhios agam go bhfuil mé ag scriobh píosa le haghaidh chomóradh 25 bliain Oideas Gael agus go

Ciara Nic Gabhann agus Salvatore Fichera (sa lár) ag plé 'pasta blasta'.

Salvatore i rang Sheosaimh Mhic Mhuirí.

bhfuil daoine ag súil go mbeidh mé ag labhairt go maith faoi, ach fan bomaite. Creidim go bhfuil go leor rudaí deasa scríofa agus ráite faoi Oideas Gael ag na daoine a bhí, agus atá, ag obair ann. An rud a bheinn sásta a chur os bhur gcomhair ná an pháirt mhór a bhí ag Oideas Gael i mo bhealach chun an teanga a thuiscint – agus ciallíonn tuiscint na ndaoine tuiscint na tíre. Mar, nuair a bhí mé ag tabhairt mo chéad chéime i stáidéar na Gaeilge bhí mé idir dhá chomhairle: arbh fhiú an méid sin ama a chaitheamh mar sin? Nach bhfuil mé ag cur amú mo chuid iarrachtaí, mo chuid fuinnimh? Ag an am sin, bheadh an dabht ba lú ábalta mé a chur ar strae ón teanga, agus leis an teanga ón chultúr, ón cheol – lena rá i bhfocal amháin, ó Éirinn. Agus, creid é seo uaim, tá mé chomh háthasach nach raibh sé tarlaithe!

Ach bhí Oideas Gael ann. Bhí

Liam, agus Siobhán, agus Gearóidín ann, agus Éabha, Ciara, Seosamh is Andrú, agus na dosaein duine eile a bhfuil áit acu i mo chuimhne agus i mo chroí – agus ceann de na ceantair agus cuid de na daoine is fearr dar bhuail mé leo i mo shaol. Mo bhaile, áit chomh maith a bhí i bhfad ó mo thír fhéin, ach mhothaigh mé sa bhaile ann ón chéad bhomaite. Níl mé ag moladh scileanna na múinteoirí ná an feabhas chlár na ranganna; níl mé ag moladh an bhealaigh theicniúil a dtugtar an t-eolas duit nuair atá tú ag freastal ar na cursaí: bheadh daoine eile níos fearr ann chun é sin a dhéanamh ná mé. Tá mé ag moladh an atmaisféir, an seans chun bualadh le daoine dochreidte, na cairde atá agam anois, na cuimhní deasa, tábhachtacha i mo shaol. Agus, ag deireadh an lae, i measc na mílte rud ab féidir liom a scriobh, creidim go bhfuil rud amháin ann nach féidir liom gan a rá: go raibh maith agat, a Oideas Gael. Ní bheinn mar atá mé inniu gan bualadh leatsa!

An Domhan i nGleann le Cúig Bliana is Fiche

SOMHAIRLE WATSON

I mBaile Átha Cliath a rugadh Somhairle Watson, an chéad chúntóir a bhí ag Oideas Gael sna blianta tosaigh agus é ina ghasúr scoile. Ghnóthaigh sé céim BComm i gColáiste na hOllscoile, Baile Átha Cliath, agus chuaigh a chónaí i Valladolid na Spáinne, áit a bhfuil sé ina chónaí ó shin. Bhunaigh sé scoil teanga rathúil ansin (Idiomas Watson) ina múineann sé, chomh maith leis an Bhéarla, cúrsaí Gaeilge ó am go ham. Tá sé pósta agus dhá iníon aige. Ina chuid ama shaoir déanann sé seirbhís dheonach mar chisteoir do Chomhthionól Náisiúnta Pobal Bahá'í na Spáinne.

Tá 25 bliain thart anois ón uair a bhunaigh Liam Ó Cuinneagán agus Seosamh Watson Oideas Gael. Ón tús bhí tacaíocht láidir acu agus mhúscail an plean suim i ndaoine, i gcomhlachtaí agus in institúidí éagsúla in Éirinn agus thar lear, a raibh na smaointe agus na haidhmeanna céanna acu a bhí ag lucht Oideas Gael: an Ghaeilge a theagasc do dhaoine fásta agus spreagadh a thabhairt anseo agus thar lear do theanga agus cultúr na tíre i slite éagsúla. Ón am sin ar aghaidh thosnaigh Oideas Gael ag obair le lucht na gceantar ina raibh cursaí ar siúl acu, mar a bhí, Gleann Cholm Cille agus Gleann Fhinne i gContae Dhún na nGall, le lóistín agus atmaisféar oiriúnach a chur ar fáil do na mic léinn a bhí ag teacht lena gcuid Gaeilge a fheabhsú. Le cuidiú phobal na háite cuireadh céilithe agus imeachtaí eile ar siúl chomh maith leis na ranganna.

Le himeacht na mblianta d'fhás an spiorad sin ónar rugadh Oideas Gael agus tháinig forbairt ar struchtúr na institúide leis, ag coinneáil an rúin sin i gcónaí a bhí ann an chéad lá. Sa la inniu, agus mórán de na haidhmeanna sin bainte amach agus tionscadail nua eile ar bun, rinneadh – agus déantar – athnuachan ar an neart le leanstan ar aghaidh leis an obair atá ar siúl. Nuair a bhí mise ag obair le hOideas Gael thart fá fhiche bliain ó shin bhí na ranganna ar bun sa

Somhairle Watson fiche bliain fásta.

bhunscoil i nGleann Cholm Cille agus i nGleann Fhinne ach ó shin, mar gheall ar an fhorbairt a cuireadh i gcrích, d'éirigh leis an eagras foirghnimh ar leith a thógáil i nGleann Cholm Cille fá choinne na ranganna agus lóistín, foirgnimh atá á n-úsáid i rith an ama.

Insna blianta tosaigh sin, dhúisigh na cúrsaí suim i ndaoine as neart tíortha ar fud an domhain agus is cuimhin liom go maith a bheith i gcuideachta mac léinn ó Shasana, ón Ghearmáin, ó Mheiriceá, Ceanada agus fiú amháin ó Iosrael, chomh

maith le tíortha eile, i gcaitheamh na mblianta a raibh sé de phribhléid agam a bheith ag cuidiú le hOideas Gael. Gan amhras tá an leathnú idirnáisiúnta seo ar cheann de na rudaí is rathúla faoi na cúrsaí atá á reáchtáil i nGaeltachtaí Dhún na nGall le os cionn scór bhliain, ag cur teanga na Gaeilge agus chultúr na hÉireann chun cinn – ní amháin in Éirinn ach ar fud an domhain – de bharr na mílte mac léinn atá ag teacht chun na háite ón am sin anuas.

Tá cúpla scéal ar a gcuimhním go háirithe: bhí fear a thagadh go rialta

achan bliain anall ó Cheanada, agus bhaininnse an-sult as a bheith ag éisteacht leis ag labhairt lena dheartháir [Séamus agus Art de Creag] a bhí ina chónaí i mBéal Feirste ar fad i nGaeilge ansin sa Ghaeltacht. Bhí Meiriceánach [Risteárd Mac Aoidh] ann a raibh neart scéalta aige ó chogadh Vítneam agus ba ghnáth leis suí síos ag am sosa le hinsint dúinn mar gheall ar na heachtraí a bhí aige i rith an chogaidh sin, tuairiscí diana a bhí iontu – agus b'fhearr liom dearmad a dhéanamh orthu, leis an fhírinne a insint! Agus é ag ligint a scíthe idir a chuid scéaltaí ba ghnáth leis píosaí a sheinm ar an fheadóg stáin – b'aoibhinn liom a bheith ag éisteacht le Meiriceánach ag seinm ceol Gaelach in Éirinn! Is dóigh liom nach raibh mórán eile i gcoitinne le chéile ag mórán de na daoine sin as neart tíortha éagsúla ar ghnáth leo cruinniú ó bhliain go bhliain ansin i nDún na nGall – mar a dhéanann a leithéidí eile go fóill – seachas an grá a bhí acu do theanga agus cultúr na hÉireann!

B'iontach le feiceáil chomh héifeachtach is a bhí múinteoirí agus cúrsaí Oideas Gael le Gaeilge a mhúineadh. Is cuimhin liomsa mar pháiste nuair a chaith mé cúpla bliain i scoil Bhéarla, na deacrachtaí a bhí ag na páistí ag foghlaim na Gaeilge agus ag iarraidh an teanga a labhairt. Ní mar sin atá leis an dream seo a bhíonn ag staidéar le hOideas Gael. I dtús na seachtaine bíonn achan duine ag labhairt i mBéarla – Béarla briste uaireanta – ach i ndiaidh cúpla rang bíonn ionadaíocht an domhain ansin sa Ghaeltacht ag cleachtadh lena chéile, agus le lucht an cheantair, na Gaeilge atá foghlamtha acu. Tá an chuma air mar scéal gur de bharr na béime speisialta a leagtar ar an teanga labhartha a bhíonn an rath sin air. Is cuimhin liom go háirithe cúpla cás ar leith de dhaoine a bhí abalta an Ghaeilge a labhairt go han-mhaith i ndiaidh dóibh coicís a chaitheamh sa Ghaeltacht. Bhí bean as an Iosrael [Sharona Frederick], gan Gaeilge ar bith aici nuair a tháinig si, a bhí abalta cromadh ar chomhrá le beagnach achan duine mar gheall ar gach cineál rud tar éis cupla seachtain a chaitheamh le hOideas Gael. Ag an am bhí agallamh aici – i nGaeilge, ar ndóigh- ar Raidió na Gaeltachta mar gheall ar an chúrsa agus an am a chaith sí i nGaeltacht Dún na nGall!

Drong dícheallach fosta a bhí sna múinteoirí damhsa agus is iomaí céilí ar oíche Dé hAoine ina raibh Seapánaigh agus Gearmánaigh nó Meiriceánaigh agus Éireannaigh ag déanamh damhsaí Gaelacha lena chéile. Bhí neart craice acu agus tá barúil agam go raibh na céilithe úd ar na rudaí ab fhearr a thaitin leis na mic léinn – chomh maith leis na hoícheanta ceoil a chaitheadh siad go rialta sa teach tábhairne [Tigh Bhidí] ar an chúinne in aice leis an scoil.

I rith an bheagáin samhraí a chaith mé le hOideas Gael bhínn ag déanamh rudaí éagsúla le cuidiú le heagraíocht na cursaí. Go minic ba ghnáth liom tae agus caife a dhéanamh fá choinne sos na mac léinn idir na ranganna agus bhí achan chineál scéal á insint acu dom anois is arís. Gach uile mhaidin ba ghnáth liom dul chuig siopa áitiúl an tsráidbhaile a bhí os comhair na scoile [Siopa Bhearnaí Uí Ghadhra] le brioscaí, siúcra agus cúpla rud eile a cheannach don tae. Bhínn ag díol leabhar Gaeilge fosta sa siopa leabhar agus bhíodh daoine ag teacht isteach go rialta ag ceannach leabhair agus caiséad – sílim gurbh é Buntús Cainte an leabhar ba mhó díol ag an am.

D'fhéadainn leanstan ar aghaidh le cúpla scéal eile ach d'fhágfadh sin mé gan spás le comhghairdeachas a rá le hOideas Gael agus an dream uilig atá taobh thiar de, a bhfuil cúig bliana is fiche caite anois aige ag teagasc na Gaeilge agus ag cur chun cinn chultúr na hÉireann ar fud an domhan. Nuair a bunaíodh Oideas Gael an fad sin de bhlianta ó shin, ba í an phríomhaidhm a bhí aici – chomh fada is a cuimhin liom- ná an teanga a chur chun cinn i measc Éireannaigh fhásta. Ag am am bhí neart cúrsaí ar fáil do dhéagóirí ach fíorbheagán do dhaoine fásta. Agus mé ag caitheamh súile siar anois, feictear gur éirigh leo go maith an aidhm sin a chur i gcrích agus ón am sin i leith tá na mílte duine i ndiaidh páirt a ghlacadh insna cúrsaí agus a gcuid Gaeilge a fheabhsú le cuidiú Oideas Gael – go maire sé!

CUID VII

Ár Muintir i gCéin

Trasna na dTonnta

Ní inniu nó inné a thosaigh daoine as tíortha eile ag cur suime sa Ghaeilge. Tharla seo le muintir s'againn féin a d'imigh ar imirce, le lucht léinn a raibh spéis acu i dteangacha agus, lena chois sin, bhí daoine ann i gcónaí a chuirfeadh suim sa Ghaeilge agus gan ceangal de chinéal ar bith acu leis an tír seo.

Bhí na dreamanna seo uilig rannpháirteach i gcúrsaí Oideas Gael ón tús. Cé go raibh na céadta againn ar chúrsaí i dtús na n-ochtóidí, seasann daoine áirithe amach ó thaobh díograis agus grá teanga de.

Cé a dhéanfadh dearmad de Shéamus Ó Gallchóir as Glaschu agus é i gcuideachta a charad, Seán Ó Fiannaí, a bhíonn ag teagasc ranganna ansin go fóill. Ceann de na dea-chuimhní is faide siar dá bhfuil agam ná Art de Creag as Béal Feirste ina shuí i gceann de sheomraí ranga na bunscoile agus é scríobh altanna do LÁ, ar shean-chlóscríobhán a fuair muid ar iasacht dó. Tháinig Art go Gleann mar go raibh a dheartháir, Séamus, ag teacht as Ceanada. Duine de laochra na Gaeilge é Séamus de Creag: thosaigh sé cúrsaí Gaeilge é féin i dToronto le cuidiú ón Ionad Éireannach ansin i Missisauga agus Brampton agus mheall sé mórán daoine chuig na ranganna. Chuaigh múinteoirí Oideas Gael anonn a theagasc dó go minic ann agus thagadh a chuid mac léinn chugainne ar na cúrsaí. Tá Séamus beo beathach amuigh i Red deer, Alberta ansin i gcuideachta a iníne Chris agus a dhearthár Steve. Tá sé fós ag teagasc Gaeilge agus na ceithre scór bliain is a deich slánaithe aige. Bhí alt breá faoi i gceann de na nuachtáin ansin ar na mallaibh (a bhfuil athchló de ar fáil anseo) agus é luaite mar straitéis margaíochta leis 'gurbh fhearr do dhaoine Gaeilge a fhoghlaim le dul chun na bhFlaitheas mar gurbh í sin teanga Naomh Peadar'!

Ní féidir iomrá a dhéanamh ar lucht na Gaeilge thar sáile, gan trácht ar bhean Ard Mhacha, Ethel Brogan. Bhunaigh Ethel an grúpa 'Daltaí na Gaeilge' chomh fada siar le 1983. Tá sise agus a fear céile, Bill, ina gcónaí i stát Nua Eabhrac agus eagraíonn sí féin agus cairde mar Liam Guidry

Muintir Áras na nGael, Brent 1989.

Mic léinn ó Ollscoil Oldenburg ar chúrsa i bpáirt le hInstitiúid Teicneolaíochta Leitir Cheanainn (Séamus Ó Cnáimsí ar d.).

Ar Barr

Ó chlé: Tom Devine, Séamus de Creag, Gearóid Ó Cearralláin (Uachtarán Chonradh na Gaeilge), Mairéad Uí Lí, Laoise de Paor, Seán Ó Gliasáin, Liam Ó Cuinneagáin.

Margaret McGahon (Cultural Ireland) le Liam Ó Cuinneagáin ag Féile na Leabhar, Frankfurt.

Nikki Ragsdale, eagraí cúrsa i San Francisco le Breandán Ó Tuairisg, Liam Ó Cuinneagáin agus Éamonn Ó Dónaill.

Brian Ó Broin (Ollscoil Wm Patterson, New Jersey) le Liam Ó Cuinneagáin.

cúrsaí seachtaine agus deireadh seachtaine i rith na bliana. Is oscailt súl é d'éinne na cúrsaí deireadh seachtaine a reachtaíltear in Esopus: ní raibh tuairim agam cá raibh an áit seo an chéad uair dá ndeachaigh mé á lorg. D'fhan mé le cairde sa Bhronx agus dúradh liom go mbeadh síob agam le fear as Doire, Sóisear Mac Cionnaith. Tá cuimhne mhaith agam ar mo thuras trasna an Hudson le Sóisear agus muid ar ár mbealach go hEsopus. Is iomaí uair ó shin a d'fhan mé le Mollaí agus Seosamh agus muid ag dul go himeachtaí Daltaí na Gaeilge. Níl beirt níos Gaelaí ar domhan agus iad gníomhach in ach gné den chultúr thall i Nua Eabhrac.

Bhí na céadta gníomhach riamh, mar atá fós, i saol na Gaeilge ar chósta Oirthear na Stát Aontaithe.

Chas mé le fear iontach eile i lár Manhattan lá, agus mé ar thóir lucht na

Gaeilge – an Corcaíoch Barra Ó Donnabháin a bhí ann agus é chomh líofa saibhir ina chuid cainte. Bhíodh alt seachtainiúil aige san Irish Echo agus rinne Eilín Zurell agus Hilary Mhic Suibhne éacht nuair a d'fhoilsigh siad leabhar dá chuid aistí go gairid tar éis a bháis. Tá traidisiún láidir teagaisc na Gaeilge á chur chun cinn i Nua Eabhrac ag Pádraig Ó Cearbhaill in Ollscoil Nua Eabhrac agus iad ag déanamh obair iontach i gceann de na hollscoileanna is clúítí sa tír. Ta aithne fhorleathan ar Máire Ní Mhaolagán arb as Maigh Eo ó dhúchas di, a bhíonn ag teagasc damhsa agus Gaeilge ar fud Nua Eabhrac. Tá clú ar Thomás Hederman amuigh i gColáiste Lehman, mar atá ar Alexei Kondratiev atá ag teagasc le blianta fada in Ionad na nEalaíon (Irish Arts Center) i Manhattan. Tá iarmhac léinn de chuid Oideas Gael, Kate

Chadbourne, ag teagasc ranganna in Ollscoil Harvard, mar atá foireann mhaith eile ag múineadh na gcéadta macléinn in Ollscoil Notre Dame, Indiana.

Agus mé ag bogadh trasna Mheiriceá, bhí fócas láidir thar na blianta ag an Ionad Éireannach i Siceagó ar an Ghaeilge agus tionchar aige sin ar an bhorradh iontach a tháinig ar an teanga níos faide suas Loch Michigan i Milwaukee.

Bíonn ranganna rialta ar siúl i San Francisco in Ollscoil Berkeley agus san Ionad Éireannach. Tháinig forbairt iontach ar na deirí seachtainí Gaeilge a bhíonn á reachtáil ag Nikki Ragsdale faoi choimirce Chomhaltas Cheoltóirí Éireann. Tá líon mór Éireannach ina gcónaí níos faide síos an cósta i

Ethel Brogan, bunaitheoir Daltaí Gaeilge, le Liam Ó Cuinneagáin.

Seán T. Ó Ceallaigh (ar. c.), iriseoir ó Minnesota le caird ag Irishfest Milwaukee.

Stiofán agus Ceil Lucas, Maryland.

Grúpa mac léinn le an Oll. Reid Golder Ollscoil Hartwick, Oneonta, Nua-Eabhrac.

An tAth. Éamonn Ó Gallchóir ag cur fáilte roimh mhuin Áras na nGael, Bre i 1989.

Silicon Valley, California mar a bhfuil ranganna Gaeilge ar siúl ag bean úd Ard an Rátha, Imelda Haughey. Tá ranganna Gaeilge le fáil go rialta i bPortland, Oregon agus i Seattle chomh maith, agus ba dheacair an cúrsa atá ar siúl in Ollscoil Evergreen, Olympia ar Léann na hÉireann a shárú. Bhunaigh duine de na hoideachasóirí is fearr dár casadh orm riamh an clár seo, Patrick Hill ar nós leis cuairt na hÉireann a dhéanamh gan teip gach dara bliain. Faraor gear mar cailleadh Patrick i 2008, ach tá an cúrsa ag leanúint ar aghaidh go héifeachtach faoi chúram Seán Williams, scoláire clúiteach agus saineolaí ar Sheosamh Ó Éinne, nach maireann.

Cé go bhfuil mé i ndiaidh díriú go mór ar Mheirciceá thuaidh san achoimre seo, tá ranganna Gaeilge ar bun, mar a bheifeá ag súil leis, i ngach uile chearn de Shasana agus d'Albain. Nuair a thosaigh Oideas

Gael amach, bhí an iliomad rang ar obair ag Siubhán Ní Néill ar fud Londan agus baint againn fosta lena n-imeachtaí rialta i mBrent agus in ionaid eile. Bhí Cáit Thompson thar a bheith díograiseach i gCoventry agus í féin agus an file Seán Hutton an-ghníomhach sa British Association for Irish Studies (BAIS). Ar na saolta deireanacha seo tá borradh ar dóigh ar na ranganna i Manchain agus imeachtaí rialta ar siúl ag Christy Evans agus ag Donncha Ó Céilleachair le Coláiste na nGael a eagraíonn cúrsaí ar fud na Breataine agus a thógann grúpaí ar fud na hEorpa. Tá spreagadh láidir tugtha don Ghaeilge thar sáile de bharr tionscadal de chuid na Roinne Gnóthaí Pobail, Tuaithe agus Gaeltachta. Tá scéim tacaíochta ar fáil ag Ollscoileanna thar sáile atá ag teagasc na Gaeilge agus scoláireachtaí Fulbright ar fáil

le lucht léinn a mhalartú idir Éire agus Meiriceá. Tá scéim dá leithéid tosnaithe le Ceanada anois chomh maith.

Níl aon bhliain anois nach mbíonn tinreamh ó 30 tír nó os a chionn ar chúrsaí Oideas Gael; bíonn daoine ag teacht ón Rúis agus ón tSeapáin, ón Fhrainc, ón Iodáil agus ón Ghearmáin, gan trácht ar thíortha go leor eile. Is mór an pléisiúr a thugann sé dúinn a bheith ag teagasc daoine atá chomh díograiseach sin – agus chomh suimiúil iontu féin. Ní beag, ach oiread, a chuireann an ghné idirnáisiúnta chéanna lenár gcuid cúrsaí agus táim féin cinnte go gcuidíonn sé linne, lucht na Gaeltachta, a thuiscint cé chomh luachmhar agus atá ár dteanga agus cad chuige ar fiú í a choinneáil ag imeacht go ceann glúine nó dhó eile!

Turning Points

ROBIN WELLESLY

While sorting my bookshelves as 78 year olds do! I came accross a booklet about Oideas Gael. I attended the language and culture course in 1999 and it has had a profound influence upon my life since then. I was what used to be called an Anglo Irishman- a sort of bastard status in both Ireland and the UK! Many I think were amazed or confused as to why I should be there and yet I was treated with the utmost kindness and dare I say it toleration! To my continuing dismay I was approached by the President who was there and whom I did not recognise, subsequently I appreciated what a remarkable person she was.

I embarked on the language and culture course and the culture part was superb. I went for the hill walking and what a kind and pleasant and diverse lot they were. In short I was converted and the following year took out my first Irish passport- I was born in Dublin and lived in Co Wicklow until just before the war when my father died-he was 70 when I was born -the Anglo Irish were a sturdy lot!. This year my daughter who lives and works in Indonesia has decided to take out an Irish passport as well.

This is a rambling e-mail as befits someone long in the tooth but I just wanted to express my thanks for what was a very significant turning point in my life.

Robin Wellesly agus a theaghlach.

An Ollamh Patrick Hill leis an tOllamh Seán Williams, Evergreen State College.

Evergreen State College

Seán Williams is a professor of ethnomusicology and Irish Studies at the Evergreen State College in Washington State. She has been studying sean-nós singing for thirty years, and is writing a critical biography of the singer Seosamh Ó hÉanaí (Joe Heaney) with Dr. Lillis Ó Laoire at NUI Galway. In just the week that she wrote this piece, she heard from nine former students who had traveled with her to Oideas Gael in previous years. This is normal.

I first heard of Oideas Gael from my late colleague, Dr. Patrick Hill. An American philosophy professor and the son of two Irish immigrants to the United States, Patrick was passionately committed to developing an Irish Studies programme at the Evergreen State College, where we both worked. In 1994 we developed the first Irish Studies course, and it has been taught without fail every three years since then. From the beginning of our professional association, Patrick Hill longed to bring students to Ireland, to put theory into practice, and to engage our students in 'learning by doing'. As he began to describe the place, its staff, and its location, I knew immediately that Oideas Gael would be our programme's home in Ireland.

We first brought students to Gleann Cholm Cille in 1998. Patrick and I divided our very large group so that some of them came to Oideas Gael and others toured a series of music festivals further south. I visited Oideas Gael to speak with Liam Ó Cuinneagáin and observe a couple of classes after sending my set of students home, and was delighted and impressed by what I saw. Students learning Irish? Check! Tea and treats served between classes? Check! Congenial and committed staff running the place? Check! Singing and poetry and archaeology and dancing and hill-walking? Check and check! After that I needed no convincing.

The legendary insularity that characterizes so many Americans is painstakingly broken down prior to the Evergreen students' arrival in Gleann,

as they spend six months preparing themselves to travel. They study history, singing, dance, films, literature, and just enough Irish to feel terribly inadequate when they arrive. They cook dinners together and engage in lengthy seminars in which they discuss subjects like the Brehon Laws, Joyce and O'Casey, St. Patrick and Brigid, the Land League and the Gaelic League. At Evergreen, students in the Irish Studies programme enroll only in Irish Studies, all year. It is a full-time commitment. By the time they arrive in Ireland, they are ready.

Evergreen State College is all about interdisciplinarity, and it is considered something of an oddity in American academia that an accredited college would do something as radical and forward-thinking as connecting ideas and pursuing projects across disciplinary divisions. Learning Irish through singing songs, learning about natural history through drawing and painting, and learning about oneself through writing poetry are all features of the curriculum offered through Oideas Gael, and they are a natural – even a perfect – fit with Evergreen's philosophy and pedagogy.

It might be enough to acknowledge the obvious links between Evergreen and Oideas Gael in terms of their

shared history and the commitment of Evergreen to continuing its programme in Irish Studies, but to do so would be to ignore the impact that the programme has on its students. Since 1998, over 150 American students have come to Oideas Gael and had their lives changed forever. How can this be? Perhaps a better question might be: how can this not be?

The students that I shared with Patrick Hill in the early years of the Irish Studies programme – and that I have brought alone in recent years – have consistently said that studying at Oideas Gael was a life-changing experience. Bill Compton, an adult student, came with us to Oideas Gael in 2001 to fulfill a lifelong dream. In doing so, he found his voice as a writer and a poet. When he passed away in 2003 of cancer, he asked his widow Irene to bring his ashes to be scattered at Malainn Bhig. Stacey Stearns came to study Irish and – as a bonus! – found a husband and a family. Tanya Smith came with us in 2007 even though she was expecting a baby in just a few months, and now she and her husband sing lullabies in Irish to baby Cian. Other students have returned to Ireland multiple times, or joined the Peace Corps, or become attorneys committed to solving social justice problems, or taken advanced degrees in Irish Studies; all have held tightly to their memories of Gleann Cholm Cille and Oideas Gael.

The relationship that Evergreen has with Oideas Gael and its staff is an enduring one. My friend and colleague, Patrick Hill, passed away unexpectedly in 2008, leaving a profound gap in Irish Studies at Evergreen, and a hole in the hearts of those who knew and loved him. It is my intention to honour his memory and continue his legacy by continuing to build on what we began in 1994. As I prepare for the next Irish Studies class and meet with prospective students, I can already see forming in them a deep hunger for understanding. I know that Patrick would join me – together with our past and future students – in celebrating twenty-five years of Oideas Gael. We thank Liam Ó Cuinneagáin and Seosamh Watson for their hospitality, fine instruction, and good-humoured willingness to accept a bunch of Yanks barging into their midst. On behalf of our many students and of Evergreen State College, go raibh míle maith agaibh!

Kate Chadbourne.

Stiofán Ó Direáin, Seán Ó Gliasáin, Proinsias Mac Ainmhire agus Kate Chadbourne.

Oideas Gael – 'Tobar an Áthais'

KATE CHADBOURNE

Bhí an t-ádh liom nuair a fuair mé an bhileog sin faoi Oideas Gael níos mó ná cúig bliana déag ó shin. Ní raibh ach giota beag Gaeilge agam ag an am, ach thug mé aghaidh ar an Ghleann le dóchas i mo chroí go dtiocfadh liom feabhsú. Nuair a shroich mé an áit, cé a bhí ag fanacht ansin ag an chrosbhóthar ach Liam. Dhreap mé isteach sa charr agus as go brách linn ar nós na gaoithe thar na bóithre go doras an tí fháiltiúil sin. Sin mar a thosaigh an dlúthchairdeas agam le hOideas Gael. Is tobar áthais dom go dtig liom a bheith páirteach i gceiliúradh na scoile iontaí seo.

Anois tá mé i mo mhúinteoir Gaeilge ag Harvard sa scoil oíche. Molaim Oideas Gael do na mic léinn achan bhliain, agus tá mé bródúil a rá gur thaistil cuid acu an bóthar céanna a thaistil mé féin! Is ró-éasca an scoil agus na daoine cineálta,

oilte a oibríonn inti a mholadh. Insím do na mic léinn faoin chuid mhór Gaeilge atá foghlamtha agam ansin… agus na sármhúinteoirí cairdiúila… agus áilleacht na háite… agus an ceol iontach sa phub… agus an chraic atá againn sna hoícheanta… agus achan rud a chuireann gliondar croí orm go bhfuil an seans agam féin dul ar ais go Gleann Cholm Cille chomh luath agus is féidir!

Mo Chuimhní

PATRICK CURRAN,
Halifax, Nova Scotia

Cairde maithe de chuid Oideas Gael iad, Pádraig Ó Curráin, Príomhghiúistís Ard-Chúirt na hAlban Nua, agus a theaghlach. Cuireann se síos anseo ar an tarraingt a fuair sé i nGleann agus san eagraíocht thar na blianta.

"An bhfuil deoch an dorais uait?" I was standing in Biddy's Pub near closing time on my first evening in Gleanncholmcille when Liam Ó Cuinneagáin, while acting as a generous host, startled me with this question. How could he know that, as a child, I had often listened to recordings of Harry Lauder singing what sounded like "just a wee dock and doris" and I had never once considered that the words were Gaelic? When Liam spoke, I immediately understood "a drink for the door", "one for the road", "a parting glass", but I was transfixed because this Scots Gaelic and Irish phrase had been in my mind as far back as I could remember, waiting to be brought to life on a coastal outpost in Donegal. Although it might seem trivial and banal to others, for me it was a moment of sheer magic. It cemented my link with Liam and Oideas Gael.

Samhlaigh an nasc sin níos laige cúpla bliain roimhe sin nuair a bhí mo bhean chéile ag scréachach: "Take a bus from Dublin to Donegal town, then another to Gleann Cholm Cille, get off at Biddy's Pub and ask for Liam? We'll never see her again!" Bhí eagla an domhain uirthi! Bhí sí tar éis díreach na treoracha a léamh a fuair ár n-iníon is sine, Kelly, ó Oideas Gael in earrach na bliana 1990. Dúirt mé léi go raibh tithe tábhairne Éireannacha suaimhneach, ach thug sí cluas bhodhar dom. "What kind of a country, what kind of an organization, would ask our little girl to start her summer in a bar", arsa sí, "and who is this Liam anyway?"

Is é sin an chaoi ar thosaigh an bhaint idir ár dteaghlach agus Oideas Gael. Ar ndóigh, shroich Kelly Biddy's, bhuail sí le Liam agus le mic léinn eile tamall ina dhiaidh sin agus thit gach rud amach go ceart le linn an tsamhraidh ar fad. Nuair a tháinig sí ar ais go Halifax, bhí sí líofa agus griandaite. An bhliain sin, bhí an aimsir go breá fiú amháin.

Roimhe sin bhí eolas agam ar Oideas Gael cheana féin. Bhí sé dea-chlúiteach. Mhol mo mhúinteoir, Pádraig Ó Siadhail, an eagraíocht agus a bhunaitheoirí, Liam O Cuinneagáin agus Seosamh Watson. Le 19 mbliana anuas, tá mé ar aon bharúil le Pádraig.

Trí bliana ó shin, chaith mé seachtain ag Oideas Gael lenár dara hiníon, Kate. D'fhan Kate linn cúig seachtaine eile ansin. Dúirt Liam liom, "Is fada nach bhfaca mé thú." Tá súil agam nach mbeidh chomh fada sin go bhfeicfidh mé arís é. B'fhéidir go mbeidh mé ansin arís lenár dtríú hiníon, Brigid, i gceann trí bliana. Idir an dá linn, tiocfaidh mé le Beo gach uile mhí.

Oideas Gael is both an inspiration and a lifeline to those of the the Irish

Kate, Patrick agus Kelly Curran

diaspora who wish to maintain the teanga dhúchasach. I'm sure my Dingle Peninsula ancestors would forgive the -idges and -itches of the Donegal Irish blas as a small price to pay.

So, hats off to Oideas Gael on its 25th anniversary and hats off to Liam and Joe and all the fine people – organizers, teachers and students - who have contributed to this great success.

Louise O'Shea ICONS le Liam Ó Cuinneagáin, agus bronnadh á dhéanamh ar Peggy Ní Chlochartaigh sa Kennedy Library, Boston.

Mollaí agus Sóisear Mac Cionnaith.

Cumann na Gaeilge, Boston

Is bean de chuid Chonamara í Peggy Ní Chlochartaigh, a choinnigh dílseacht láidir don Ghaeilge agus í ina cónaí ar an taobh eile den Atlantach i mBoston. Mass. Bhunaigh sí Cumann na Gaeilge atá tar éis na céadta duine a theagasc ó achan chearn de Massachusetts. Thug Peggy tacaíocht láidir d'iarrachtaí Oideas Gael, thar na blianta. Bhí sé ina onóir speisialta a bheith páirteach i mbronnadh a rinne an Irish Echo ar Pheggy sa J. F. Kennedy Library i mí Dheireadh Fómhair 2008.

Mollaí agus Sóisear Mac Cionnaith

Is mór an áit é Nua Eabhrac agus gan an gréasán gaelach ansin, bheadh sé deacair dul chun cinn a dhéanamh ann. Mollaí agus Sóisear Mac Cionnaith ba thúisce a thug aire domsa ansin agus mé ar thóir foghlaimeoirí Gaeilge. Bhí Sóisear agus Mollaí sáite in achan imeacht fhíorghaelach a bhí ar siúl i mBrooklyn agus i Manhattan agus bhí aithne fhorleathan orthu i measc phobal na hÉireann. Ní dhéanfaidh mé dearmad ar na bricfeastaí bréa a bhíodh againn agus muid ar ár mbealach chuig Esopus agus deireadh seachtaine Dhaltaí na Gaeilge. Ár mbuíochas ó chroí don bheirt fhíor-Ghael, Mollaí agus Sóisear.

Oideas Gael – Where Romance Begins

STACEY STEARNS

It is wonderful to see my own story of Oideas Gael alongside so many others and to be a small part of the worldwide community of which Oideas Gael has been the heart for the last twenty five years. I am delighted to have the opportunity to say thank you for the wonderful way that Oideas Gael's existence has influenced my life, to wish them a very happy 25th anniversary and the beginning of many more successful years.

In 2001 I was a student at the Evergreen State College in Washington State in the U.S. I was participating in a year-long Irish studies course and our final quarter was to be spent in Ireland attending classes at a place I had never heard of before, Oideas Gael in Gleann Cholm Cille, County Donegal. I didn't know it then, but Oideas Gael would be the beginning of the reason I returned to Gleann Cholm Cille to stay.

On that first visit in the spring of 2001 I spent five wonderful weeks walking in the rain and the sunshine, swimming at the beach, rehearsing a play in Halla Mhuire, and of course, attending daily classes at Oideas Gael in language, archaeology, history, literature and dance, among others. I slept very little and learned a lot. I fell in love with the Gleann, and with my future husband, too.

I will always remember my first glimpse of Gleann Cholm Cille. My fellow classmates and I sat looking out the windows of McGeehan's bus as we bumped along over the miles of bog that lie between Gleann and Carrick. It was beautiful but desolate and I began to imagine Gleann as a few scattered houses lying like islands in a sea of bog. Instead we came over the brow of the hill and the valley opened up and the ocean was like a huge blue wall resting against Gleann Head. The bay was cradled by rocky arms of land and the hills were a patchwork of greens. Down Cashel hill we went and on to Oideas Gael itself with its view of the sea, to be greeted by the smiling faces of our professors and Liam, Gearóidín and Siobhán. We were warmly welcomed with words and with tea and chocolate digestives. We walked down to the beach and I marvelled at the horizon and the thought of 3,000 miles of open water between me and the next piece of land. I felt quite small and yet strangely connected to the vastness of the world.

It is now 2009. I have been living in Gleann for around seven years and I still get that sense of connectedness when I stand on the sand looking out.

Stacey Stearns lena fear Diarmaid, agus páistí Fearghaill agus Niamh agus iad ina gcónaí anois i nGleann.

I don't know if other people have experienced a similar feeling, but there is something about Gleann Cholm Cille and Oideas Gael that remains in the imagination and keeps bringing people back. It is amazing how such a remote, quiet and peaceful place can often feel so cosmopolitan and diverse. Oideas Gael may not be the only reason for such vibrancy, but it certainly plays a large part in bringing people from all over the world together, many of whom return again and again to a little village on the edge of the Atlantic. In the past I have attended classes with people from America, England, Australia, New Zealand, Canada and Japan just to name a few. Everyone comes from different cultures and with different interests and motivations, but Oideas Gael is their common ground and offers a welcoming inclusiveness. It is also a part of community life in the Gleann, showcasing local artists' work as well as hosting events and concerts throughout the year.

One of the events planned during my first visit as a student in 2001 was a one night only performance of a one act play written and directed by Barbara Parkinson of Killybegs. Some of my group would be in the audience, but some of us would be part of the production. I auditioned and got a part, and so did Diarmaid. The play was a collaborative effort between our group and the local drama group and it was in many ways the centre of my experience in Gleann. I can remember one of the early rehearsals being held upstairs in Oideas Gael. That evening Diarmaid was late and we rang his house to find out if he was still coming. As we spoke to his mother on the phone and listened to the reason why he was late, we could see Diarmaid walking through the fields straight towards us, with no need for the road. He was late because he'd been helping his father with the birth of a calf! Pregnant cows and new calves notwithstanding, our performance was a success, but it was the process itself that was so rewarding. When it was time for me to leave at the end of the five weeks, I promised myself I would come back. And that's what I did, in the Autumn of 2001. And then I simply didn't leave! Diarmaid and I were married in September 2003 and we have two children, Niamh who will be four in April and Fearghaill who will be two in June.

In 25 years time my children will be almost the same age I am now and I hope that they will celebrate another big anniversary for Oideas Gael, another successful 25 years as a vibrant part of the life of Gleann Cholm Cille and of the people who visit and who keep returning here from near and far.

Jennifer Marshall, Kentucky, lena fear Patrick Edmonds ('Paidí Fransaí') agus a gcúpla, Saoirse agus Caoimhe.

An Grá sa Ghleann

Tá cuimhne agam ar an tráthnóna a tháinig an glao ó Vín na hOstaire ón chailín seo as Kentucky, Meiriceá, a bhí tar éis eolas ar Oideas Gael a aimsiú ar an idirlíon. Bhí an-suim ag Jennifer Marshall freastal ar an Scoil Shamhraidh ach ní raibh leaba ar bith le fáil i nGleann le linn na seachtaine céanna an bhliain áirithe sin. Tar éis brú agus mealladh, socraíodh go dtiocfadh Jennifer sa deireadh. Is ar an chúrsa céanna a bhí an fear ard uasal Pádraig Mac Éamoinn (Patrick Edmond) agus ba sin sin! Tá an bheirt pósta anois, ina gcónaí i mBaile Átha Cliath, agus iad sona sásta lena gcúpla álainn nua Saoirse agus Caoimhe.